小学生のためのお仕事たんけん

パティシエの
お仕事を見にいく

そして、お菓子のつくり方もおしえてもらう

柴田書店

はじめに

パティシエは、お菓子をつくる職人さんです。
みんなは、パティシエさんがお仕事をしているところを
見たことがありますか?
お店に並んでいるお菓子は見るけれど、つくっているところは
見たことがないという人も、多いのではないでしょうか。

この本では、町のケーキ屋さんからフランス料理レストランまで、
パティシエさんが働くいろいろなお店に行って、
お菓子やデザートをつくっているところを見せてもらっています。

パティシエさんには、お話もたくさん聞きました。
どうやってお菓子の勉強をしたのか。
どんなことを考えながら、お仕事をしているのか。
パティシエにとって大切なことは? ……。
これを読めば、パティシエのお仕事について、
知りたかったことが少しわかるかもしれませんよ。

パティシエのお仕事に興味がある人。
将来パティシエになりたいと思っている人。
どんなお仕事をしようか考え中の人。
そして、お店で売られているお菓子やデザートが、
どんなふうにつくられているのか知りたい人や、
ただ、おいしいお菓子が好きな人も。ぜひ読んでみてください。

パティシエさんには、
お家でつくれるお菓子のつくり方も、おしえてもらいました。
パティシエになった気分で、つくってみてくださいね。

それでは、パティシエさんたちのお仕事を、見にいってみましょう。

※パティシエはフランス語で、お菓子をつくる職人のことをいい、女性の場合はパティシエールといいます。ここでいうお菓子は、おもに洋菓子をさしますが、この本のタイトルの「パティシエ」は、お菓子やデザートをつくる仕事をしている人全般をさしています。

もくじ

パティシエさんたちのお仕事を、見にいってみよう! 7

ケーキ屋さん 8
[リョウラ]

お菓子をつくっているところを、見せてもらったよ 10
このケーキは、こんなふうにつくっているよ 16
パティシエさんにインタビュー 18
　お家でつくれるお菓子をおしえてもらったよ
もものショートケーキ 20

生菓子大集合 26
定番生菓子 26
デザインケーキ 28

ドーナツ屋さん 48
[サンデーヴィーガン]

ドーナツをつくっているところを、見せてもらったよ 50
店長さんにインタビュー 55
　お家でつくれるお菓子をおしえてもらったよ
ドーナツ 57

ドーナツ大集合 60

焼き菓子屋さん 30
[菓子工房ルスルス]

お菓子をつくっているところを、見せてもらったよ 32
このクッキーは、こんなふうにつくっているよ 38
パティシエさんにインタビュー 40
　お家でつくれるお菓子をおしえてもらったよ
レーズンのロイヤルドロップクッキー 42

焼き菓子大集合 44
クッキー 44
やわらかい焼き菓子 46

ジェラート屋さん 62
[ジェラテリア シンチェリータ]

ジェラートをつくっているところを、見せてもらったよ 64
職人さんにインタビュー 69
　お家でつくれるお菓子をおしえてもらったよ
マンゴーとパイナップルのジェラート 70

ジェラート・アイスクリーム大集合 72
かき氷大集合 74

はじめに 2
この本を読む前に 6
この本にのっているお菓子をつくる前に 6

パティシエさんのお仕事を見せてもらったり、
　お話を聞いてわかったこと。 141
パティシエについて、もう少ししらべてみたよ。 141
パティシエさんの紹介 142

フルーツパーラー 76
[タカノフルーツパーラー]

商品をつくっているところを、見せてもらったよ 78
パティシエさんにインタビュー 85
　お家でつくれるお菓子をおしえてもらったよ
フルーツサンドイッチ 86

パフェ大集合 89
フルーツのパフェ 89
デザインパフェ 90

クレープ大集合 92

和菓子屋さん 108
[竹紫堂]

お菓子をつくっているところを、見せてもらったよ 110
このお菓子は、こんなふうにつくっているよ 116
職人さんにインタビュー 119
　お家でつくれるお菓子をおしえてもらったよ
どら焼き 120
とら皮焼き 123

和菓子大集合 126

チョコレート屋さん 94
[ショコラティエ ル・プティ・ボヌール]

チョコレートをつくっているところを、
　見せてもらったよ 96
このチョコレートは、こんなふうにつくっているよ 100
ショコラティエさんにインタビュー 103
　お家でつくれるお菓子をおしえてもらったよ
テリーヌショコラ 104

チョコレート菓子大集合 106

レストランのパティシエ 128
[オトワレストラン]

デザートをつくっているところを、
　見せてもらったよ 130
このデザートは、こんなふうにつくっているよ 134
パティシエさんにインタビュー 136
　お家でつくれるお菓子をおしえてもらったよ
プリン 138

この本を読む前に

● この本にのっているお菓子やデザートは、撮影したときのものです。現在は売られていないものや、デザインなどが変更になっているものもあります。

● 同じ種類のお菓子屋さんでも、お店によって、仕事のやり方にはちがいがあります。

この本にのっているお菓子をつくる前に

● つくるお菓子が決まったら、材料とつくり方の文章や写真を見て、必要な材料と道具をそろえましょう。ボウルは、必要な数もかくにんしておきましょう。

● お菓子は、準備と順番が大事です。いきなりつくりはじめるのではなく、はじめにつくり方を読んで、やることの順番を、かくにんしておきましょう。

● この本では、最初にやっておくことを、(つくり方：はじめにやっておくこと)のところにまとめてのせています。

● 分量の「大さじ1」は、計量スプーンの大さじ1ぱい分で、15mℓです。「小さじ1」は、計量スプーンの小さじ1ぱい分で、5mℓです。

● 道具は、きちんと洗って、水気をしっかりふきとったものを使います。

● 泡立てた生クリームのかたさは、「八分立て」などのいい方で表しています。

● 小麦粉などを「ふるう」とは、粉ふるいに入れて、ふるい落とすことです。

● つくり方の文の中に出てくる時間は、だいたいの時間です。使う調理器具などによって、少し変わることもあります。焼き時間も目安なので、お菓子の色を見たり、さわってみたり、竹串をさしてみたりして、焼けているかかくにんします。

● お湯を使う、蒸す、油で揚げるなど、少しむずかしかったり、あぶなそうなことは、おとなの人に手伝ってもらいましょう。

参考文献

『歴史を知ればもっとおいしい！ 洋菓子を楽しむ教科書』(吉田菊次郎著 ナツメ社刊)
『イギリス菓子図鑑』(羽根則子著 誠文堂新光社刊)
『お菓子の由来物語』(猫井 登著 幻冬舎ルネッサンス刊)
『日本一の団子』(『サライ』編集部 本多由紀子著 小学館刊)

『アメリカ菓子図鑑 お菓子の由来と作り方』(原亜樹子著 誠文堂新光社刊)
『図説 和菓子の歴史』(青木直己著 筑摩書房刊)
『新和菓子噺』(藪 光生著 キクロス出版刊)

撮影　天方晴子　下記以外

石田理恵　p.29: 1点
海老原俊之　p.20-25の一部, p.44-45: 6点
尾嵜 太　p.107: 4点
加藤貴史　p.26-27: 3点, p.75: 1点
川島英嗣　p.26: 1点
合田昌弘　p.92, p.93: 4点
佐藤克秋　p.26-28: 6点, p.72-73: 10点
　　　　　p.93: 1点, p.106-107: 5点
鈴木静華　p.75: 3点

高見尊裕　p.72: 1点
砺波周平　p.74, p.75: 1点
長瀬ゆかり　p.126-127: 『プロのためのわかりやすい和菓子』より再掲載写真
中島聡美　p.47: 2点, p.89-91
馬場わかな　p.60-61: 12点
日置武晴　p.46-47: 2点
福尾美雪　p.27: 1点, p.44-45: 4点,
　　　　　p.46: 2点
安河内聡　p.29: 2点

AD　細山田光宣
デザイン　能城成美(細山田デザイン事務所)
イラスト　あけたらしろめ
編集　長澤麻美

パティシエさんたちの
お仕事を、
見にいってみよう！

ケーキ屋さん

リョウラ

東京の用賀にあるケーキ屋さんです。
14人のパティシエがお菓子をつくっています。
お菓子を売る販売スタッフは5人です。
みんながひとつのチームになって、働いています。

菅又亮輔さん

チームのキャプテンです。ケーキ屋さんのよび方では、「シェフ・パティシエ」といいます。シェフ・パティシエには、いろいろな仕事があります。お店によって少しちがうこともありますが、新しいお菓子を考えたり、季節ごとに、売るお菓子の種類を決めたりするのもシェフです。

浅野実穂さん

チームの副キャプテンです。ケーキ屋さんのよび方では、「スーシェフ・パティシエ」といいます。スーシェフにも、お菓子をつくる以外の仕事があります。シェフが考えた新しいお菓子を、実際につくってお店で売る方法を考えたり、シェフとみんなの間をつなぐ役目をしたりします。

お菓子をつくっているところを、見せてもらったよ

> パティシエのユニフォーム。

開店前：厨房

開店時間の前から、奥の厨房ではパティシエが仕事をしています。
早い人は、6時ぐらいからきています。
開店前は、今日売るケーキの仕上げで大いそがし。
ショーケースに並べるケーキを、どんどん仕上げていきます。

ホールケーキの仕上げ

土台部分は前日までにつくっておきます。このケーキの中身は、ほんのりバラの香りがするムース。この上にクリームをしぼって、いちごやフランボワーズをのせて仕上げます。

シュークリーム

[左上] シュークリームのシューは、売る当日に焼きます。焼いたシューは、さましておきます。
[下] カスタードクリームをつくっているところ。
[右上] さましたシューの中に、カスタードクリームをたっぷりしぼっていきます。

モンブラン

> メレンゲの上に、栗のクリームをしぼって仕上げます。

10

ケーキ屋さん

開店前：売り場

仕上がったケーキは、ショーケースにどんどん並べていきます。

> おいしそうな ケーキが並んだよ。

クッキー

［左］切り分けたバニラクッキーの生地を、天板にどんどん並べていきます。［右］大きなオーブンで、こんなにたくさんのクッキーをいちどに焼きます。

開店

厨房と売り場の間にある窓から、シェフは、売り場や外のようすを見ることができます。

焼き上がったクッキーをさましているところ。

> グラニューとうや小麦粉の袋がたくさん。1袋20kg！

> 開店と同時にお客さんが来た！

> いらっしゃいませ！

11

開店後：厨房

開店後も、補充するケーキや明日以降に売るお菓子の仕こみなど、いろいろな作業が続きます。

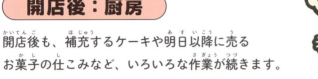

みんな、動きがとても早い！

クッキー

フランボワーズパウダーでピンク色のクッキーに。

[左]おいしそうな色に焼けてきたクッキー。[右]さましたクッキーに、粉ざとうをまぶします。

ケイク・ルージュ

ピンク色のパウンドケーキ。生地をしぼり袋に入れて、紙をしいた型にしぼっていきます。

しぼり袋に生地を入れます。

オーブンに入れて、どんどん焼きます。

ケーキ屋さん

マダガスカル

今日は特別注文のケーキもつくります。つくっておいたムースを回転台にのせてまわしながら、クリームをぬっていきます。

マカダミアナッツの糖衣がけ

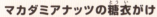

> さとうがかたまって、だんだん白くなってくるよ。

クッキー缶に入れるマカダミアナッツに、さとうの衣をつける作業。さとうを火にかけてとかして、マカダミアナッツを入れて、ヘラで全体を混ぜて、からめます。最後に火からおろして、ボウルを左右にふって仕上げます。

> ボウルはいろいろな作業に使うので、いろいろな大きさのものが、たくさんあります。

計量

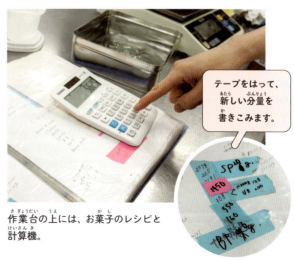

お菓子づくりには計量がとても大事。はかりを使って材料の重さを正確にはかります。

> お菓子の食感を変えたいときなどに、材料の分量を少しずつ変えたりするよ。

> テープをはって、新しい分量を書きこみます。

作業台の上には、お菓子のレシピと計算機。

つぎのページに続く

13

▶ 開店後：厨房

スポンジケーキづくり

1 たまごとさとうをすり混ぜてから火にかけて、スポンジケーキづくりの準備。

2 生地づくりには、この大きなミキサーが大活躍。スポンジケーキも、小麦粉を入れる前までの作業は、このミキサーでおこないます。

5 温めたバターやはちみつのシロップも加えて、手早く混ぜます。

> 手じゃないと、全体が同じ状態に混ざらないんだ。

カード

4 「カード」という道具をもった手で、混ぜていきます。

3 小麦粉を入れるところからは手作業。ミキサーのボウルをはずして小麦粉を入れて、

ケーキ屋さん

6 できた生地を、紙をしいた型に流していきます。流しおわったら、オーブンで焼きます。

7 オーブンの中で、おいしそうに焼けてきたスポンジケーキ。

8 焼けたら、型をさかさまにしてとり出して、さまします。

クッキー缶づくり

いろいろな種類のクッキーを、手早く缶につめていきます。のんびりしているとクッキーがしけってしまうので、スピードが大事。手があいている人みんなでどんどんつめて、ふたをします。クッキー缶づくりは、2週間にいちどくらいの作業です。

ケーキの補充

ケーキが売れたら、厨房にのこりの数をつたえて、へった分は、この冷蔵庫から出してショーケースに補充します。

補充分も、ちゃんと用意してあるんだね。

15

このケーキは、
こんなふうにつくっているよ

イタリアンメレンゲ
軽く泡立てたたまごの白身に、熱いシロップを加えながら泡立ててつくる。

いちごとフランボワーズのナパージュ
つや出し用のゼリー。いちごのピューレと、フランボワーズのピューレを加えてつくる。

ピスタチオのムースリーヌ
バタークリームとカスタードクリーム、ピスタチオのペーストを混ぜ合わせてつくるクリーム。

ジェノワーズ・オ・ザマンド
たまご、グラニューとう、アーモンドパウダー、薄力粉、とかしバターでつくった生地を、四角い型に流して、オーブンで焼く。

ピストレショコラ
ホワイトチョコレートとカカオパウダーを混ぜ合わせてつくる。

アンビバージュ
シロップと、さくらんぼのお酒のキルシュを混ぜ合わせてつくる。

フレジエ

スポンジケーキに、クリームといちごをはさんだ、フランス風のいちごケーキ。

- いちご
- いちごとフランボワーズのナパージュ
- ピスタチオ
- イタリアンメレンゲ
- ジェノワーズ・オ・ザマンド／アンビバージュ／ピストレショコラ
- ピスタチオのムースリーヌ

ケーキ屋さん

四角形や三角形のケーキは、大きいケーキを切り分けたものです。
いちごケーキのフレジエも、こんなふうに大きくつくってから、小さく切り分けます。

組み立てる

1 ジェノワーズ・オ・ザマンドを細長い長方形に2枚切って、1枚にピストレショコラをぬる。

2 1を冷蔵庫で冷やし、ピストレショコラをぬった面を下にしておく。上にアンビバージュをぬる。

3 ピスタチオのムースリーヌを、しぼり袋でしぼる。

4 いちごをムースリーヌにうめるようにして並べる。

5 上にまた、ピスタチオのムースリーヌをしぼる。

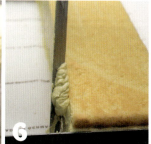
6 上に、もう1枚のジェノワーズ・オ・ザマンドをかさねて、上にまたアンビバージュをぬる。

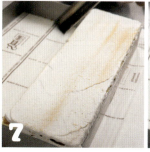
7 冷蔵庫で冷やしたあと、イタリアンメレンゲをぬってたいらにする。表面をバーナーであぶる。

8 いちごとフランボワーズのナパージュをかけて、冷蔵庫で冷やしかためる。

9 いちごの断面がきれいに出るように切り分けて、上にいちごとピスタチオをかざる。

断面が、すごくきれいだね!

完成!

パティシエさんにインタビュー

Q パティシエになろうと思ったのは、どうしてですか？

浅野さん

A 幼稚園のときからの夢でした。そのころから家でお菓子づくりをしていて、つくること自体が楽しくて好きだったし、家族がよろこんでくれるのもうれしかったです。自由にさせてくれた母に感謝しています。

Q お菓子の勉強は、どこでしましたか？

A 高校の食品科でお菓子づくり、パンづくりなどを学んで、そのあと製菓学校にいきました。卒業してから、ホテルの製菓部門をいくつか経験して、リョウラに入りました。

山口さん

Q パティシエになるために必要なことはなんですか？

浅野さん

A グラニューとうや小麦粉の袋は、20kgから30kg。つくるお菓子の生地の重さも10kgや20kgと、重さのあるものをつくり、あつかうので（しかも1日立ちっぱなしです）、かなり体力仕事です。私はスポーツ感覚で楽しめるので、今はあまり苦に感じていませんが、最初は特に大変だと思います。

Q パティシエさんたちの仕事は、1人ずつ決まっているのですか？

A うちではあまり決めていません。やることを自分で見つけてやる、できることをやる、ということにしています。できることは、なんでもいいんです。みんなに声をかけるとか、身のまわりを片づけるとかでも。そして、できることを増やしていって、楽しさを見つけてほしいと思います。

菅又さん

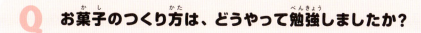

ケーキ屋さん

スーシェフの浅野さん、入社1年目の山口さん、そしてシェフの菅又さんに聞きました。

Q お菓子のつくり方は、どうやって勉強しましたか？

浅野さん

A 高校まではお菓子の本です。レシピ本が大好きで、どんなお菓子をつくろうかと、いつも読んでいました。高校卒業後は専門学校にいって学びました。基礎は本で読んで知っていたので、苦労せず学びを深めることができました。

Q お仕事をしていてうれしいのは、どんなときですか？

A お客様によろこんでもらえたときはもちろんですが、自分が納得できる、完璧だと思えるケーキをつくれたときです。自分の成長も感じられ、誇らしい気持ちになります。常にその気持ちになれるよう、完璧な仕事を心がけています。また、パティシエの仕事はチームでするお仕事でもあるので、みんなの気持ちがひとつになってとり組めているときも、うれしいです。

浅野さん

Q リョウラの仕事は、どうやっておぼえましたか？

山口さん

A はじめはやることがわからなかったりもしましたが、シェフや先輩に聞きながら、だんだん自分で考えて、できるようになりました。

Q パティシエとして働くために、大事なことはなんですか？

A あいさつがちゃんとできること。そして、計算ができること！ それと、将来自分のお店を出したいと思っている人も多いけれど、お店を出して、その先どうしたいかを考えて、仕事をすることが大事だと思います。

菅又さん

19

もものショートケーキ

お家でつくれるお菓子をおしえてもらったよ

ももがおいしい季節になったらつくりたい、ショートケーキ。
いちごやシャインマスカットでもつくれます。

材料
直径15cmの型1台分

スポンジ生地の材料
- たまご…120g
- グラニューとう…85g
- 薄力粉…75g
- ★無塩バター…20g
- ★牛乳…25g

デコレーション用のクリームの材料
- ◆生クリーム…500g
- ◆グラニューとう…40g
- ◆バニラエッセンス…2g

もも…2こ

ももをつけるシロップの材料
- ♥水…200㎖
- ♥グラニューとう…250g
- レモン汁…20g

粉ざとう…好きな量

※型は、底がとれないものを使う。
※生クリームは、乳脂肪分45%のもの。
※♥は鍋に入れてわかす。火からおろし、さめたらレモン汁を加えてシロップにする。

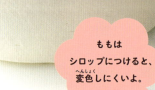

ももはシロップにつけると、変色しにくいよ

菅又さん

つくり方：はじめにやっておくこと

このお湯は、あとでまた使うよ。

材料をはかる。薄力粉はふるっておく。★は小さいボウルに合わせておく。

フライパンに、60℃のお湯を入れる。★を入れたボウルをつけてとかす。

長い長方形に切ったクッキングシートを、型の内側に入れる。

型の底に合わせて丸く切ったクッキングシートを、ふわっと入れる。

ケーキ屋さん

※オーブンは、焼きはじめられそうな時間に合わせて、190℃に予熱しておく。

スポンジ生地をつくる

少し温めると、たまごが泡立ちやすくなるよ。

40℃は、ちょっとぬるめのおふろくらい。

1 ボウルにたまごとグラニューとうを入れて、泡立て器でよくすり混ぜる。

2 フライパンに入れた60℃のお湯に、1のボウルをつけて、泡立て器で混ぜる。

3 ボウルの中身が40℃くらいになったら、ボウルをお湯から出して、泡立て器で泡立てる。

ハンドミキサーは、ボウルの中でまわしながら泡立てる。

4 ハンドミキサーの高速で8分ぐらい泡立てる。さめたらときどきフライパンのお湯につける。

5 中速にして、30秒ぐらい泡立てる。お湯から出す。お湯には★のボウルをまたつけておく。

6 つやが出て、ミキサーから、リボンのように落ちるようになっていればいい。

焼く

1人でやるときは、薄力粉を4回ぐらいに分けて入れながら混ぜる。

7 6の全体に薄力粉を少しずつ入れながら、ゴムベラで下からすくい上げるようにして混ぜる。

8 粉が見えなくなったら、温かい★を少しずつ入れて、下からすくい上げるようにして混ぜる。

9 バターが全体に混ざったら、型に入れる。190℃のオーブンで30分焼く。

つぎのページに続く

21

10 中の熱い空気をぬいて、あとでちぢまないようにするため。

焼けたらとり出し、軍手などをはめた手でもって、20cmぐらいの高さから下に落とす。

11 つぎの日までとっておくときは、さめてからビニール袋に入れてね。

クッキングシートをしいた網の上に、型をさかさまにしてとり出す。そのままさましておく。

クリームをつくる

12 ボウルに◆の材料を入れて、氷水につける。ハンドミキサーを入れて、高速で泡立てる。

13 ハンドミキサーを、ぐるぐるとまわしながら、5分ぐらい泡立てて、六分立てにする。

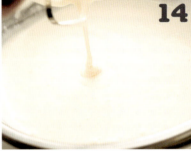

14 まだとろっとして、下に落ちても形がのこらない。これが「六分立て」。冷蔵庫に入れておく。

ももを切る

15 ボウルに氷水を用意する。鍋にお湯をわかしてももを入れ、30秒ぐらいしたら氷水にとり出す。

16 ももが冷えたら、手で皮をむく。くし形に切って、20ページのレモン汁入りシロップに入れる。

17 ラップをピタッとはりつけるようにしてかぶせて、30分ぐらいおいておく。

18 ももをペーパータオルの上にとり出す。上からペーパータオルでおさえて、水気をとる。

ケーキ屋さん

ケーキを組み立てる

> 切りとった茶色い部分はここでは使わない。

> 高さが1cmの棒などが2本あれば切りやすい。

> 包丁を前後にこまかく動かして切るといい。

> はさむ生クリームは、少しかためのほうがくずれない。生クリームは、ずっと氷水につけたままで。
> 六分立て
> 九分立て

19 11がさめたら横の紙をとり、波刃包丁で上を薄く切りとり、うら返す。下から1cmを切る。

20 上の生地を、また同じように、下から1cmのところで切る。丸い紙をはがす。

21 14のボウルの中の生クリームの半分を、泡立て器で九分立てくらいに泡立てる。

22 回転台や大きいたいらな皿の上に20の生地を1枚のせる。

23 21の九分立ての生クリームを、泡立て器ですくってのせ、パレットナイフでたいらに広げる。

24 23の上全体に、18のももを、できるだけすき間ができないように、しきつめる。

25 ももの上に、また21の九分立ての生クリームをのせて、パレットナイフで広げる。

26 スポンジ生地を1枚のせ、また23、24と同じようにして、25と同じようにする。

27 26にのこりのスポンジ生地をのせ、上から少しおさえて、落ちつかせる。

つぎのページに続く

クリームをぬる

28 横に、21の九分立ての生クリームをつけ、回転台をまわしながら、パレットナイフでのばす。

29 上にも九分立ての生クリームをのせる。

30 パレットナイフをあてて、回転台をまわしながら広げていく。

31 21のボウルにのこった生クリーム全体を混ぜて、七分立てくらいにし、上にたっぷりのせる。

32 パレットナイフをあてて、回転台をまわしながらたいらにする。

33 横にも生クリームを何回かつけながら、パレットナイフをあてて回転台をまわしてぬっていく。

デコレーションする

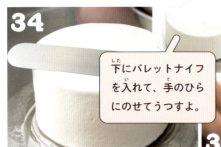

34 上にとび出た部分は、パレットナイフで内側方向になでつける。盛りつけ用の皿にうつす。

下にパレットナイフを入れて、手のひらにのせてうつすよ。

35 ボウルの中の生クリームを、泡立て器で八分立てくらいに泡立てる。

36 35の生クリームを、星口金をつけたしぼり袋に入れる。クリームが上から出ないようにもつ。

24

ケーキ屋さん

クリームのしぼり方は、下を見てね。

37
34の上に、ローズしぼりで6こしぼる。

38
37でしぼったクリームの間に、シェルしぼりで6こしぼる。

39
まん中に18のももをのせる。粉ざとうを茶こしに入れて、ふりかける。

クリームのしぼり方

クリームをきれいにしぼるコツは、生クリームを、ちょうどいいかたさに泡立てること。
クリームは、温まるとやわらかくなるので、ボウルはずっと、氷水につけておくといい。

ケーキによく使われるしぼり方をおしえるね。

菅又さん

ローズしぼり

1

2

1cmぐらいの高さから少ししぼって、そこから小さな丸をかくように口金をまわしてしぼる。

最後はしぼる力をぬいて、さっと口金をはなす。

※ローズはバラのこと。

シェルしぼり

1

2

1cmぐらいの高さから、口金をほんの少し上に上げながらしぼる。

口金をななめ下にゆっくり引きながら、少しずつしぼる力をぬいていく。

※シェルは貝がらのこと。

生菓子大集合
— Sweets File 01 —

定番生菓子
ケーキ屋さんのショーケースに並んでいる、おなじみのお菓子たち。

いちごのショートケーキ
厚めに焼いたクッキー生地と生クリーム、いちごでできたアメリカのケーキを、日本人の好みに合わせて、スポンジ生地でつくったのがはじまり。

パティスリー・ル・ネグレスコの「シャンティ・フレーズ」

ベイクドチーズケーキ
焼いてつくるチーズケーキ。濃厚なチーズの味が感じられる。

パティスリー・ル・ネグレスコの「ベイクドチーズ」

レアチーズケーキ
クリームチーズと生クリームなどを混ぜ合わせて、焼かずに冷やしかためてつくるチーズケーキ。上にのせるものや中につめるもので、いろいろなアレンジができる。写真のケーキは、中にベリーのコンフィチュールが入っている。

ベリーのコンフィチュール

ダークチョコレートのムース
ミルクチョコレートのムース

リフェンリの「エクチュア」

チョコレートケーキ
チョコレートを多く使ったケーキ。いろいろな種類がある。写真のケーキは、2種類のチョコレートムースを使ったムースケーキ。

菓子工房ichiの「レアチーズ」

シナリスの「プリン」

シュークリーム

空洞になるように焼いた生地の中に、クリームをつめたお菓子。フランス語では「シュー・ア・ラ・クレーム」という。シューはフランス語でキャベツの意味で、このお菓子がキャベツに似ているところからついた名前。

シナリスの「城里町産小麦のバニラシュークリーム」

プリン

たまご、牛乳、さとうなどを混ぜ合わせたプリン液を加熱してつくる、カスタードプリンがおなじみ。さとうをこがしてつくるキャラメルソースを組み合わせることが多い。

アンシピットの「エクレール ショコラ オランジュ」

エクレア

シュー菓子の仲間で、細長い形が特徴。クリームにチョコレートを使ったり、フルーツやナッツを加えたりと、お店によっていろいろなバリエーションがある。

モンブラン

栗（マロン）を使ったクリームを、上にたっぷりしぼったケーキ。モンブランは、フランスとイタリアの国境にある山の名前で、この山をイメージして名前がつけられたという。お店によりさまざまなアレンジがある。

エキリーブルの「モンブラン」

マロンのクリーム
泡立てた生クリーム
マロンのバタークリーム

アム ストラム グラムの「アム ストラム グラム Pic!」

フルーツタルト

焼いたタルト生地の上に、カスタードクリームや生のフルーツを盛りつけたタルト。

27

デザインケーキ

お誕生日やクリスマスなどの特別な日のための、特別なケーキ。

ピンク色のバタークリームが美しい、はなやかなクリスマスケーキ。

■ アディクト オ シュクルの「ノスタルジー」

シロップをしみこませたスポンジケーキはしっとり。

きれいな層になっている。

外側は時計そっくり。生地やクリームなどが9層にもかさなったケーキ。ヘーゼルナッツとチョコレート、キャラメル味の組み合わせ。

■ パティスリー ラトリエ ドゥ アンティークの「アンティーク」

花びらをイメージして薄くつくった、カラフルなチョコレートをのせて、ワクワクするデザインに。
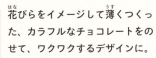
小屋菓子店フェッテの
オーダーメイドケーキ

花びらみたいなチョコレート。同じ色がかさならないようにはりつける。

バタークリームをしぼったデコレーションがかわいい、お誕生日ケーキ。
菓子工房マリアンナの
オーダーメイドケーキ

人形も、バタークリームでつくっている。

ハーブや食べられる花を使った、美しいデザインのケーキ。ハーブや花を、バランスを見ながら、ひとつずつのせて仕上げる。
ケーク スカイウォーカーの
オーダーメイドケーキ「テール」

中には、生クリームとフルーツがたっぷり。

29

焼き菓子屋さん

菓子工房ルスルス

東京の浅草で、クッキーなどの焼き菓子を中心につくり、売っているお菓子屋さんです。
昔は日本舞踊のけいこ場だった建物を改装して、お店にしました。
浅草店では、7人のパティシエが働いています。

新田あゆ子さん

「菓子工房ルスルス」のオーナーパティシエです。東京の東麻布で、妹のまゆ子さんと2人でお菓子教室をはじめ、そこでつくるお菓子を販売しました。その後浅草店を開きました。厨房では、作業全体の流れを見て、みんながスムーズに仕事ができるように声をかけながら、お菓子をつくっています。

焼き菓子屋さん

星形の
アイシングクッキーを
つめた「夜空缶」

いろいろな鳥の形の
アイシングクッキーをつめた
「鳥のかたちクッキー」。

マドレーヌ

ブラウニー

ガレット

ショーケースには、クッキーや、マドレーヌなどの焼き菓子が並びます。2種類のスコーンをセットにした商品や、クッキー缶も人気です。冷蔵ケースには、果物を使ったロールケーキやショートケーキ、プリンなどの生菓子も。

お菓子をつくっているところを、見せてもらったよ

パティシエのユニフォーム。

開店前〜開店後：厨房

売り場の奥にある厨房で、朝早くからお菓子づくりがはじまっています。
浅草店以外のお店で売る分や、通信販売で売る分のお菓子もここでつくります。

鳥のかたちクッキー

缶の中には、赤系の3色のおり紙を入れています。クッキーをのせると、鳥がとぶ夕焼け空が完成します。

夜空缶

缶の中には、青いおり紙を入れています。クッキーをのせると、夜空が完成します。

アイシングクッキー

アイシングクッキーは、粉ざとうとレモン果汁などを混ぜ合わせてつくるクリームを表面につけたクッキーです。ルスルスでは、星形といろいろな鳥の形のアイシングクッキーで、クッキー缶をつくっています。

クッキーを焼く

のばした生地を、ぬき型でぬいて、ベーキングマットをしいた天板にすき間なく並べ、オーブンで焼きます。

焼き上がったら、網にのせてさまします。

焼き菓子屋さん

アイシングクリームをつける

さめたクッキーの片面に、レモン風味のアイシングクリームをつけていきます。

大きな鳥のクッキーに、アイシングクリームで、もようをかいていきます。

缶にきれいにおさまるように、入れる場所が決まっているよ。

缶につめる

クリームがかわいたら、星のクッキーと鳥のクッキーを、それぞれ缶につめて、クッキー缶をつくります。

つぎのページに続く

▶ **開店前～開店後：厨房**

クッキーをれつにして並べます。1れつずつあけてクリームをしぼってから、クリームをしぼっていないクッキーをかぶせていきます。

プラリネサンドのラング・ド・シャ

ホワイトチョコレートとアーモンドプラリネでつくるクリームをはさんだ、薄くて軽い食感のクッキーです。

いろいろな種類のクッキーが、どんどん焼き上がってきます。焼けたクッキーは、網にのせてさめるまでおきます。

ガレット

バターをたっぷり使った厚焼きのサブレです。外側はカリッと、中はしっとりとしています。

厚くのばした生地を丸型でぬいて、天板に並べます。表面にたまご液をぬって冷蔵庫で冷やし、もういちどたまご液をぬったら、フォークでもようをかきます。バターをぬった丸型をはめて、オーブンで焼きます。

型の内側にバターをぬります。

34

焼き菓子屋さん

ブラウニー

アメリカで人気の、しっとりとしたチョコレートケーキ。生地を四角い型に広げて焼き上げます。

気泡をつぶさないように、しんちょうに混ぜます。

たまごとさとうをミキサーで混ぜて、とかしたチョコレートやバターなどを加えて混ぜます。

小麦粉を加えて混ぜたら、生地の完成。

クッキングシートをしいた角型に流して、カードで全体に広げます。

焼いてきざんだくるみをちらして、オーブンで焼きます。さましてから、四角く切り分けます。

マドレーヌ

バターの風味がおいしい、しっとりとした焼き菓子です。

アルミの型に生地を流して、オーブンで焼きます。

まん中部分が盛り上がって、おいしそうな色に焼けました。

つぎのページに続く

35

▶ 開店前〜開店後：厨房

スコーン

イギリスやアメリカで親しまれている、パンのような焼き菓子。今日は、プレーン、ラムレーズン、くるみ、紅茶の4種類をつくります。

オーブンで焼いて、さましておきます。

切り分けた生地を、丸めます。天板に並べて、たまご液をぬります。

味のちがうスコーンを2こ組み合わせて、袋につめていきます。

クッキーの生地づくり

冷凍しておけるクッキーの生地は、つくって冷凍しておきます。今日は、アイシングクッキーに使う生地をつくります。

ミキサーでバターを混ぜて、粉ざとうを入れて混ぜてから、たまごを何回かに分けて加えながら混ぜます。

粉類を加えて軽く混ぜたら、生地のでき上がり。

36

焼き菓子屋さん

2等分に切り分けて、「シーター」という機械で、4mm厚さにのばします。ビニールシートではさんで、冷凍しておきます。

できた生地を、ビニールシートの上にとり出します。あつかいやすい大きさにまとめて、冷蔵庫でやすませます。

便利な機械だね！

開店：売り場

お客さんが来たら、手があいている人が売り場に出て対応します。

こんな組み合わせはいかがですか？

いろいろなお菓子を組み合わせて、プレゼント用の箱づめにすることもできます。お客さんの希望を聞きながら、組み合わせるお菓子を決めていきます。

37

このクッキーは、
こんなふうにつくっているよ

ヴィクトリア

生地を丸くしぼって、まん中にジャムをのせたクッキー。

星口金をつけたしぼり袋で、生地を天板に丸くしぼります。

オーブンでとちゅうまで焼いてとり出し、まん中にジャムをしぼってから、いい色になるまでまた焼きます。

ピスタチオとヘーゼルナッツのクッキー

アンズジャムの焼き色がきれいなクッキーです。

型でぬいて天板に並べた生地に、温めたアンズジャムをハケで薄くぬっていきます。

焼いてきざんだピスタチオとヘーゼルナッツをのせて、オーブンで焼きます。

クロッカン

アーモンドの風味と、カリカリした食感が楽しめます。

アーモンド、粉ざとう、たまごの白身、薄力粉などを合わせてつくった生地を、しぼり袋で天板にしぼります。

といたたまごをぬって、オーブンで焼きます。

焼き菓子屋さん

クッキーには、たくさんの種類があります。
材料やつくり方のちがいによって、形、味、食感などが変わります。

アルル
ギザギザのリング状にしぼれる口金を使ってつくります。

ギザギザにしぼれる「サルタン口金」をつけたしぼり袋に生地を入れて、天板にしぼります。

アーモンド、生クリーム、バター、さとう、はちみつなどでつくるヌガーをまん中に入れて、オーブンで焼きます。

ウズマキクッキー
2色の生地を使って、うずまき状にしたクッキー。

プレーンな生地とチョコレート味の生地をのばして、ときたまごを薄くぬり、かさねて、くるくる巻きます。

薄く切って天板に並べ、オーブンで焼きます。

マーブルクッキー
2色の生地を合わせてマーブル状にしたクッキー。

プレーンな生地とチョコレート味の生地を、合わせて軽く混ぜて、じょうぎを使って細長い四角にします。

薄く切ってグラニューとうをまぶし、天板に並べてオーブンで焼きます。

パティシエさんにインタビュー

Q お菓子屋さんをやろうと思ったのは、どうしてですか？

新田さん

A 手に職をつけたかったからです。一生続けられる仕事をしたいと思って、お菓子の道に進みました。もともと手作業が好きで、学校でも、美術や工作、手芸などの授業が好きでした。はじめは、妹といっしょにお菓子教室をはじめて、それからお菓子も売るようになりました。

Q お店づくりでこだわったのは、どこですか？

A お店の中には、売り場と厨房、お菓子が食べられるイートインスペース、お菓子教室のスペースがあって、どこにいても、ほかの場所が見えるようになっています。お菓子をつくる人、買う人、お菓子教室の生徒さんが、つながっていけるような店内にしたかったためです。

新田さん

Q お菓子づくりで、大事にしていることはなんですか？

新田さん

A ひとつひとつの作業を、ていねいにおこなって、きれいにつくることです。ていねいに作業すると、おいしいものができ上がります。それと、口に入れたときの、食感を想像することも大事です。「サクサク」にしたいのか、「しっとり」にしたいのかなど、食感をイメージしてつくります。

Q お菓子づくりのおもしろさは、どんなところですか？

A 粉、バター、さとうなどが、いろいろなお菓子に変化するところです。

新田さん

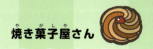

焼き菓子屋さん

新田さんに聞きました。

新田さん

Q お菓子の勉強は、どうやってしましたか？

A 本を読んでつくってみたり、いろいろなお菓子屋さんにいって、お菓子を食べたりして勉強しました。洋菓子店で働いたり、製菓学校でアシスタントをしたりしながら、お菓子をつくることと、おしえることの両方を学びました。

Q パティシエになるために、大切なことはなんですか？

A だれかをよろこばせたいという気持ちと好奇心です。自分のためにやったり、世の中の動きに興味がないと、続かないと思います。

新田さん

新田さん

Q お仕事で、大切なことはなんですか？

A お菓子づくりの技術を上達させるために、努力することです。なんとなく仕事をするのではなく、もっとこうしたい、できるようになりたいと思いながら仕事をすることで、だんだん上達します。もしこの仕事を一生続けたいと思ったら、自分ががんばれるときに、全力で学ぶことも大切だと思います。

Q みんなでいっしょに働くときに、大切なことはなんですか？

A 思いやりです。相手の立場になって考える思いやりがあれば、みんなが気持ちよく働けると思います。それから、あいさつ、返事などのコミュニケーションを、相手につたわるようにとることも大切だと思います。

新田さん

お家でつくれるお菓子をおしえてもらったよ

レーズンのロイヤルドロップクッキー

りんごジュースやはちみつのやさしい甘みと、
ライスクリスピーの軽い食感がおいしいクッキーです。

材料
直径3cmぐらいのクッキー46こ分

- ★太白ごま油…35g
- ★はちみつ…30g
- ★りんごジュース（果汁100%）…70g
- ★塩…0.3g
- レーズン…50g
- ◆薄力粉…100g
- ◆アーモンドパウダー…25g
- ◆ベーキングパウダー…1.5g
- ライスクリスピー…40g

※レーズンのかわりに、ほかのドライフルーツを使ってもよい。
※ライスクリスピーは、日本ケロッグ社の製品を使った。

つくり方：はじめにやっておくこと

材料をはかる。

◆は、合わせてふるっておく。

新田さん

粉を加えたあとは、長く混ぜなくてもいいよ。

焼き菓子屋さん

※オーブンは、焼きはじめられそうな時間に合わせて、170℃に予熱しておく。

生地をつくる

1 ボウルに、★の太白ごま油、はちみつ、りんごジュース、塩を入れる。

2 泡立て器で、白っぽくなるまで混ぜ合わせる。

3 レーズンを入れて、ゴムベラで混ぜる。

4 ふるっておいた◆を入れて、

粉っぽさがなくなればいい。

5 粉が見えなくなるまで、ゴムベラで、さっと混ぜ合わせる。

6 ライスクリスピーを入れる。

焼く

7 ゴムベラで、全体に手早くさっくり混ぜる。

8 7をスプーンですくって、天板の上に、間をあけて、小さく落とす。

焼けていなさそうなものはもう少し焼いてね。焼けたものは、網などにのせてしっかりさますよ。

9 170℃のオーブンで15分焼く。1枚わってみて、中心まで火が通っていたら、全部とり出す。

焼き菓子大集合
- Sweets File 02 -

クッキー
お菓子屋さんでよく見るクッキーとその仲間。味や食感、形もいろいろ。

型ぬきクッキー
生地を薄くのばして、型でぬいてつくるクッキー。

エクラデジュール パティスリー

菓子工房ルスルス

アイシングクッキー
粉ざとう、レモン果汁などを混ぜ合わせてつくるクリームを、表面につけたクッキー。

ブロンディール

ガレット
フランスのブルターニュ地方の伝統的な焼き菓子で、正式名は「ガレット・ブルトンヌ」。バターをたっぷり使った生地でつくる円盤形の厚焼きサブレ。表面に網目のようなもようをつけるのが特徴。

ドロップクッキー
生地を、スプーンなどでオーブンの天板に落として焼くクッキー。アメリカンタイプのチョコチップクッキーなどが代表的。

エイミーズ・ベイクショップ

ショートブレッド
イギリスのスコットランド生まれの、バターの風味が豊かな焼き菓子。ショートは「ホロホロした、サクサクした」という意味で、ブレッドは、「パン」のほか「焼き菓子」という意味でも使われる言葉。

ラトリエ モトゾー

ビスコッティ（カントゥッチ）
イタリアの伝統菓子の、かたいビスケット。トスカーナ地方では、カントゥッチとよばれる。ビスコッティは、イタリア語で「二度焼き」を意味する言葉で、生地をかたまりのままいちど焼いてから、切り分けてもういちど焼いてつくる。

メゾン・ド・プティ・フール

アイスボックスクッキー
生地を棒状にして冷蔵庫で冷やしてから、切り分けて焼いてつくるクッキー。まわりにグラニューとうをまぶしてつくったものは、「ディアマン」ともよばれる。ディアマンはフランス語でダイヤモンドのこと。グラニューとうがキラキラしているところからの名前。

メレンゲクッキー
たまごの白身にさとうなどを加えて泡立てたメレンゲを焼いてつくる、軽いクッキー。

ラトリエ モトゾー

メゾン・ド・プティ・フール

ラング・ドゥ・シャ
やわらかい生地でつくる、薄いクッキー。ラング・ドゥ・シャは、フランス語で「ねこの舌」という意味で、もともとは薄く細長い形につくられ、その形と表面のザラザラした感触から名前がつけられた。今は丸いものや四角いものもある。

しぼり出しクッキー
やわらかめの生地を、口金をつけたしぼり袋に入れて、オーブンの天板にしぼり出して焼いてつくるクッキー。

メゾン・ド・プティ・フール

ポルボロン（ポルボローネ）
ポルボロンはスペインのアンダルシア地方の伝統的なお菓子。ホロホロとくずれやすいのが特徴。クリスマスや結婚式など、お祝いのときによく食べられる。スペインから世界各地に広まって、材料やつくり方が少しずつ変わって、名前も変わった。英語でスノーボール、フランス語でブール・ド・ネージュと呼ばれるクッキーもこの仲間。

菓子工房ルスルス

クロッカン
泡立てたたまごの白身と粉ざとう、ナッツなどでつくる、軽い食感のクッキー。クロッカンとは、フランス語で「カリカリした」という意味で、このクッキーの食感を表している。

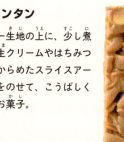

メゾン・ド・プティ・フール

チュイルクッキー
チュイルはフランス語で「かわら」という意味。薄くて、カーブした形が特徴のクッキー。

フロランタン
クッキー生地の上に、少し煮つめた生クリームやはちみつなどをからめたスライスアーモンドをのせて、こうばしく焼いたお菓子。

メゾン・ド・プティ・フール

やわらかい焼き菓子

クッキーよりやわらかい焼き菓子。

マドレーヌ

フランス生まれの、しっとりとしたお菓子。もともとは貝がら形だが、日本では、丸い菊形のものも多く見られる。

メゾン・ド・プティ・フール

菓子工房ルスルス

フィナンシェ

フランス生まれの、アーモンドとこがしバターのこうばしい風味が特徴のお菓子。フィナンシェはフランス語で「金融家」という意味で、そのイメージに合う、金ののべ棒のような長方形のものが多いが、ほかの形のものもある。

メゾン・ド・プティ・フール

菓子工房ルスルス

スコーン

イギリスやアメリカでよく食べられている、パンに似た焼き菓子。イギリス式のスコーンはホロホロとした食感で、甘みの少ないものが多く、ジャムなどをつけて食べる。アメリカ式のスコーンは三角形で、甘いものが多い。チョコチップやナッツなどがねりこまれたものが多いのも特徴。

カヌレ

フランスのボルドー地方の伝統的なお菓子。カヌレは、「溝のついた」という意味で、外側に溝のついた形が特徴。外側はカリッと、中はしっとりとしている。

ダックワーズ（ダコワーズ）

アーモンド風味のメレンゲ生地2枚で、クリームをはさんだフランス生まれのお菓子。小判形のものは、フランスに住む日本人パティシエが、もなかをイメージしてアレンジしたともいわれる。

マカロン

日本でもよく見るのは、フランスのパリ風マカロン。たまごの白身を泡立てたメレンゲに、さとう、アーモンドパウダーを混ぜて丸く焼いたカラフルな生地で、いろいろなクリームなどをはさんでつくる。

いろんなタイプのお菓子があるね。

菓子工房ルスルス

菓子工房ルスルス

ブラウニー
アメリカで人気のあるチョコレートケーキ。くるみなどのナッツがトッピングされて、四角くカットされていることが多い。名前については、ブラウンがかった色から、妖精の名前、などの説がある。

キャロットケーキ
すりおろしたニンジンを、生地に混ぜこんでつくるしっとりとしたケーキ。イギリスで、さとうのかわりに、甘いニンジンを使ってつくられたのがはじまり。クリームチーズにバター、粉ざとうなどを混ぜてつくる、クリームチーズフロスティングを表面にぬることが多い。

ボンボンケークス ブールバード

エイミーズ・ベイクショプ

パウンドケーキ
イギリス生まれのお菓子。英語では、pound cakeと書く。もともとは小麦粉、さとう、バター、たまごを1pound（約450g）ずつ使ってつくられていたところからつけられた名前。現在は、いろいろな材料、配合でつくられる。

エイミーズ・ベイクショップ

菓子工房ルスルス

タルト
焼いたタルト生地の上に、つめ物ややわらかい生地を流してもういちど焼いたり、しきつめたタルト生地に中身を入れて、同時に焼いたりしてつくる焼き菓子。写真はナッツのタルト。

カップケーキ
薄い紙やアルミ箔をしいたカップ形の型に生地を入れて焼いた、手のひらサイズのケーキ。マフィンにくらべてふんわりしたものが多く、上にクリームなどでデコレーションしたものもある。

マフィン
焼き菓子のマフィンは、クイックブレッドの一種。上のほうがふくらんだ形をしていて、バナナやチョコレート、ブルーベリー、野菜、チーズなどの具材を入れて焼き上げるものが多い。

エイミーズ・ベイクショップ

ドーナツ屋さん

サンデーヴィーガン

ヴィーガンドーナツを売るお店です。
ヴィーガンドーナツは、たまごや乳製品などの動物性食品を使っていないドーナツです。アレルギーなど、いろいろな理由で動物性食品が食べられない人や食べたくない人も、安心して食べることができます。

売り場の奥が厨房です。製造スタッフは平日2人、週末3人。販売スタッフは1人です。朝のドーナツづくりの作業は交代制で、1人でおこないます。
［右上］ドーナツのサンプルを、かわいいお皿にのせてディスプレイ。マフィンやスコーンなどの焼き菓子もあります。

山口友希さん

「サンデーヴィーガン」の店長です。お店で売るすべてのドーナツの、レシピをつくっています。また、お店で働く人たちとコミュニケーションをとりながら、商品の売り方を考えたり、みんなの働き方を決めたりなど、お店の営業全体にかかわる仕事をしています。

ドーナツをつくっているところを、見せてもらったよ

開店前：厨房

朝8時の開店時間に合わせて、作業は5時からはじめます。
前の日につくっておいた生地をドーナツの形にしたり、形をつくるところまでやって冷凍しておいた生地を解凍したりしてから、揚げていきます。
1人でいろいろなドーナツを同時進行でつくるので、作業の順番を頭に入れておくことが大事です。

> 朝早くから働いているんだね。

> おそろいの白いエプロン。

イースト生地のリングドーナツ

パンと同じような方法で、発酵させた生地でつくります。生地を発酵させることで、揚げたときにふっくらとふくらみます。リングにして揚げたあと、まぶすものや上にぬるアイシングを変えることで、ちがう味のドーナツにすることができます。また、生地にカカオパウダーを混ぜてつくると、ココア味のドーナツになります。

1 前日につくっておいた生地を、機械で短い棒状にしてから、手でころがしてのばします。

2 リングにして、両はじをくっつけてとじます。

ドーナツ屋さん

シートの上に並べて、

発酵させる機械に入れて、発酵させます。発酵時間は、タイマーではかります。

発酵して、少しふくらんでいる。

発酵機から出して少しおいて、表面を乾燥させます。乾燥させることで、揚げたときに油っぽくなりにくくなります。

発酵と乾燥がおわった生地を、油にどんどん入れていきます。油に入れたらすぐにうら返します。こうすると油のキレがよくなります。

だんだんふくらんで、浮いてくる。

下の面を2分揚げたら、

手早くうら返して、もう2分揚げます。網の上にとり出して、油をきります。

つぎのページに続く　51

▶ 開店前：厨房

レモン

粉ざとうにレモン汁やすりおろしたレモンの皮を混ぜ合わせて、レモン味のアイシングをつくります。プレーンなリングドーナツの片面に、アイシングをつけていきます。

シナモン※

※左の写真の上2つがシナモン。

バットにたっぷりのシナモンシュガーを入れて、プレーンなリングドーナツ全体にまぶします。

クリームドーナツ

揚げて、さましておいた丸ドーナツに、ナイフをさしこんで中を切り、クリームを入れられるスペースをつくってから、クリームをしぼり袋でしぼり入れます。

ココナッツカカオ

バットにたっぷりのココナッツシュガーを入れて、ココア味のリングドーナツ全体にまぶします。

ドーナツ屋さん

ケーキドーナツ

オールドファッションともよばれるドーナツです。イーストドーナツとはちがう生地でつくります。外側がカリッと、中はしっとりとした食感です。表面に切り目を入れておくことで、カリッと感が、より楽しめます。

切り目にも理由があるんだね。

前日につくって冷凍しておいた揚げる前のドーナツを、冷凍庫から出して、表面がやわらかくなるまでおきます。

時間になったら、網にとり出していきます。

薄い茶色のほうが、ニンジンを混ぜこんだ「キャロット」。濃い茶色のほうが、コーヒー味の「コーヒー」。

網にのせたまま、さまします。

「コーヒー」と「キャロット」は揚げる時間がちがうので、右と左の油に、時間をずらして入れていきます。

揚げたドーナツは、このラックにどんどん入れていきます。かわりに、これから揚げるドーナツを、ラックからとり出します。

「コーヒー」は、2分揚げたらうら返して、もう2分揚げます。

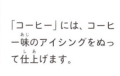

「コーヒー」には、コーヒー味のアイシングをぬって仕上げます。

つぎのページに続く　53

▶ **開店前：厨房**

ミルクドーナツ

牛乳のかわりにオーツミルクを使った、小さめの四角いケーキドーナツです。ココア味やまっ茶味など、生地やアイシングのちがいで5種類あります。オーツミルクは、オーツ麦と水でつくられた植物性のミルクです。

ぬいたあなの部分も揚げて、「ミルクドーナツのあな」として売ります。

−4℃で保存しておいた揚げる前のドーナツを、ラックにうつして常温にもどします。揚げてさましてから、アイシングをぬって仕上げます。

開店時間の前に、全部でき上がったよ！

開店：売り場

今日売るドーナツの準備がおわりました。ドーナツは、ラックからとり出しながら、袋や箱に入れて、お客さんに渡します。厨房では、明日のための生地づくりなどの仕こみが続きます。

いらっしゃいませ！

ドーナツが1このときのつつみ方。

ドーナツ屋さん

店長さんにインタビュー
山口さんに聞きました。

Q サンデーヴィーガンは、どんなお店ですか？

山口さん

A たまごや乳製品などの、動物性の食品を使っていない、ドーナツや焼き菓子を売っているお店です。たまごや乳製品アレルギーの人も、ヴィーガンの人も、安心して食べていただけます。

Q ヴィーガンてなんですか？

A 動物性の食品を食べない、という生き方です。日本ではまだ多くありませんが、海外には、いろいろな理由で、ヴィーガンの人が多い国もあります。

山口さん

Q どうして、ヴィーガンのお店をはじめたのですか？

山口さん

A イベントでつくったヴィーガンドーナツが好評で、ヴィーガンが、「おいしい」にプラスする、もうひとつの価値、特徴になると考えたためです。

Q 動物性の食品を使わなくても、おいしいドーナツはつくれますか？

A つくれます。動物性の食品を使っていない分、小麦粉などの素材のおいしさがよくわかる、といったよさもあります。ただし、植物性食品だけでおいしくつくるには、素材選びや組み合わせ方、つくり方にくふうが必要です。何度も試作をして、レシピをつくっています。

山口さん

つぎのページに続く

55

ドーナツ屋さん

Q たとえば、どんなくふうですか?

山口さん

A たとえば、たまごや乳製品を使わずに、なめらかさを出すにはどうしたらいいか？ または、カリカリした食感を出すにはどうしたらいいか？ いろいろな素材の組み合わせや方法をためして決めています。また、動物性食品を使わないと味があっさりしてしまうこともあるので、小麦粉やさとうなどもちがう種類をいくつか組み合わせたりして、味に深みを出すようにしています。

Q お店を出してから、わかったことはありますか？

A お客様が、ヴィーガンの人たちだけではなかったことです。ただ、おいしいドーナツとして買いにきて、あとからヴィーガンと知るお客様も多くいました。それと、たまごや乳製品にアレルギーがあって、今までドーナツを食べたことがないというお子さんもたくさん来てくれて、ヴィーガンは、こういう子どもたちを幸せにしてくれる食べ物なんだと、気づかせてもらいました。

山口さん

Q ヴィーガンの食べ物は、だれでも食べていいですか？

山口さん

A もちろんです。たとえば、たまごや乳製品にアレルギーがある子も、アレルギーのない子も、いっしょに食べられる食べ物と考えてはどうでしょう。みんなで同じものが食べられるのは、とても幸せなことだと思います。

Q お家でも、おいしいヴィーガンドーナツがつくれますか？

A つくれます。つくり方を紹介したので、つくってみてくださいね（57ページ〜59ページ）。みんなが、がまんしないでおいしいドーナツをつくったり、だれかにプレゼントしたり、いっしょに食べたりする、楽しい経験のお手伝いができたら、とてもうれしく思います。

山口さん

> お家でつくれる
> お菓子を
> おしえてもらったよ

ドーナツ

表面がカリッとして、中がしっとりとした
シンプルなオールドファッションドーナツです。

> リングにしてから、
> いちど冷凍するのが
> ポイント！

山口さん

材料

ドーナツ7こ分

薄力粉…300g

きびざとう…150g

ベーキングパウダー…5g

豆乳…108g

ココナッツオイル…45g
揚げ油…揚げやすい量

※薄力粉は、江別製粉の「クーヘン」を
　使っている。
※きびざとうは、大東製糖の「喜美良」
　を使っている。
※このほかに、台などにふる薄力粉を使
　う。強力粉があればなおよい。
※揚げ油は、ショートニングがおすすめ。
　揚げたてを食べるのであれば、植物油
　でもよいが、時間がたつとどうしても
　油っぽくなる。
※ミキサーは、卓上スタンドミキサーを
　使っている。なければ、ふつうのハン
　ドミキサーでよい。

つくり方：はじめにやっておくこと

材料をはかる。

つぎのページに続く

57

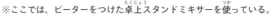

生地をつくる

※ここでは、ビーターをつけた卓上スタンドミキサーを使っている。

ボウルに薄力粉ときびざとう、ベーキングパウダーを入れて、豆乳をぐるっと入れる。

ハンドミキサーの低速で、1分ぐらい混ぜる。

ミキサーを中速にして、ココナッツオイルを少しずつ入れながら、1分ぐらい混ぜる。

リングにして、冷凍する

> ドーナツがかたくなっちゃうから、混ぜすぎないでね。

生地がひとまとまりになったら、ミキサーをとめる。

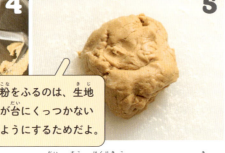

> 粉をふるのは、生地が台にくっつかないようにするためだよ。

台に少し薄力粉をふる。4の生地をボウルからとり出してのせて、軽くまとめる。

手でころがして少しのばしてから、切り分けやすい形にする。

カードで、80gずつに切り分ける。

1こずつころがして、長さ20cmくらいにする。片方のはじを、手でおしてたいらにつぶす。

> 丸い型などを使うとやりやすいよ。

8を輪っかにして、つぶした部分に反対側のはじをのせる。

ドーナツ屋さん

10 つぶした部分で、上にのせた生地をつつむようにして、とじる。全部同じようにして輪にする。

11 バットにクッキングシートをしいて、薄力粉を薄くふる。10を全部うら返して、並べる。

このみぞが揚げたときにわれて、ふちがカリッとするよ。

12 直径6.5cmの丸い型をのせる。上からおして、5mm深さまで型をさしこむ。

揚げる

さわってみて、表面がやわらかくなっていればいいよ。

13 このまま2時間以上冷凍する。前の日にここまでつくって、冷凍保存しておいてもよい。

14 揚げるときに、冷凍庫から出して、20℃くらいの部屋に20分ぐらいおいて、半解凍する。

15 鍋に油を入れて、火にかける。180℃になったら、**14**を、みぞのほうを上にして、2こ入れる。

しずんでいた生地が、だんだん浮いてくるよ。

16 そのままさわらずに、2分揚げる。

17 トングでうら返して、もう2分揚げる。

18 油からとり出して、網にのせて油をきる。のこりの生地も、同じようにして揚げる。

59

ドーナツ大集合
― Sweets File 03 ―

揚げたドーナツに、いろいろなものをのせたり、かけたり、まぶしたり。
楽しいドーナツのバリエーション。

リングのイーストドーナツ

オリジナルグレーズ
プレーンドーナツに、オレンジの花のはちみつと国産のバターでつくるグレーズをつけて。

🚚 ドーナツもり

ピスタチオグレーズ
プレーンドーナツに、ピスタチオペーストとバター、粉ざとうでつくるグレーズをつけて。

🚚 ドーナツもり

フランボワーズグレーズ
プレーンドーナツに、フランボワーズのコンフィチュールを加えてつくるグレーズをつけて。

🚚 ドーナツもり

米粉ドーナツ
米粉の生地に、黒みつとあんこを巻きこんでつくったドーナツに、きなこシュガーをまぶして。

🚚 サンデーヴィーガン

ハートの女王
プレーンドーナツに、とかしたミルクチョコレートをつけて、フリーズドライのいちごをのせて、チョコクランチをふって。

🚚 ハグジードーナツ

ロケットバナナ
プレーンドーナツに、粉ざとうに牛乳を加えてつくったシュガーアイシングをつけて、たて半分に切ってカソナードをまぶしてカラメリゼしたバナナをのせて。

🚚 ハグジードーナツ

ドラゴン
プレーンドーナツに、ホワイトチョコレートとまっ茶パウダーでつくるアイシングをつけて、まっ茶のショートブレッド生地でつくったドラゴンの頭としっぽをつけて。

🚚 ハグジードーナツ

どれも
おいしそうだね！

丸いイーストドーナツ

ベリーカカオ
カカオ生地でつくった丸ドーナツの中に、ベリークリームをつめたヴィーガンドーナツ。ベリーシュガーをたっぷりまぶして。

🚚 サンデーヴィーガン

バニラ
カスタードクリームに、バニラとグランマルニエ（オレンジのリキュール）の風味を加えてたっぷりつめて。

🚚 スーパースペシャルドーナッツ

フランボワーズピスターシュ
カスタードクリームに、ピスタチオのペーストを加えてつめてから、フランボワーズのコンフィチュールをしぼり入れて。

🚚 スーパースペシャルドーナッツ

ケーキドーナツ

塩キャラメルナッツ
キャラメルクリームをかけて、ナッツのキャラメリゼをふりかけて。

🚚 ナグモドーナツ

シュードーナツ

※シュークリームの皮と同じ生地を揚げてつくる、フレンチクルーラーなどのドーナツ。

フレンチクルーラーのクリスタリゼ
揚げたてに、グラニューとうをまぶして。

🚚 アン ヴデット

ホワイトチョコアールグレイ
アールグレイ（紅茶）の茶葉を加えたホワイトチョコレートをかけて、アールグレイの茶葉の粉末をふりかけ、ドライクランベリーをのせて。

🚚 ナグモドーナツ

フレンチクルーラーのサントレーノ
横半分に切ったフレンチクルーラーの間に、クリームやいちごをはさむ。上側にはピンク色のフォンダンをつけて。

🚚 アン ヴデット

61

ジェラート屋さん

ジェラテリア
シンチェリータ

定番ジェラートと季節のジェラートを、合わせて18種類売っています。1種類でも買えますが、2、3種類選んでひとつのカップに盛り合わせることもできるので、いろいろな味の組み合わせが楽しめます。その場で食べるほか、テイクアウトもできます。

中井洋輔さん

「シンチェリータ」のオーナージェラート職人です。イタリアのように、みんなが気軽に立ち寄れるジェラート屋さんをつくりたいと思い、お店を開きました。ジェラートのレシピを考えて、もう1人のスタッフとともに、ジェラートをつくっています。

ジェラート屋さん

※ジェラートはイタリア生まれ。アイスクリームより乳脂肪分が低く、さっぱりしている、などの特徴があります。

はちみつを使ったミルクジェラート「メルノワ」。

秋らしい巨峰のジェラート。

「完熟南高梅」、「ピュアメープル」、「蟠桃」（中国原産のもも）の組み合わせ。

「ピスタチオ」と、チョコチップ入りのミルクジェラート「ストラッチャテッラ」。

製造スタッフ2人、販売スタッフ5人の体制です。手があいているときには、製造スタッフが販売に加わることもあります。お店の中の壁と外のガラス戸に、ジェラートのイラストと簡単な説明を書いたメニューをはりつけて、お客さんが、注文するときにまよわないようにしています。その場で食べるお客さんは、カップかコーンのどちらにジェラートをのせるか、好きなほうを選べます。

ジェラートをつくっているところを、見せてもらったよ

開店前〜開店後：厨房の外・厨房

シンチェリータでは、つくったジェラートを大きな冷凍庫で保存しておいて、売れた分をそこから補充しています。
その日に売る分をその日につくるわけではないので、
1日につくるジェラートは、1種類か2種類です。
今日は、巨峰のジェラートづくりを見せてもらいました。

厨房の片すみには、大きな梅が入った自家製の梅酒がたくさん。これは、梅のジェラートに使う材料です。

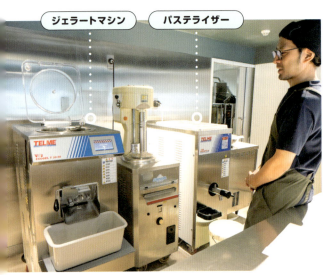

ジェラートマシン　パステライザー

ジェラートづくりに使う機械です。パステライザーは、ジェラートのベースになる材料を、加熱殺菌するのに使います。ジェラートマシンは、ジェラートを仕上げる機械。中のプロペラのような部分が回転して、空気を入れながら材料を冷やして、ジェラートにしていきます。

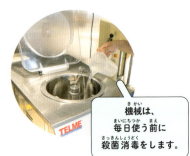

機械は、毎日使う前に殺菌消毒をします。

製造スタッフのユニフォーム。

こまかい数字がいっぱい書いてある！

厨房で作業する前から、ジェラートづくりははじまっています。新しいジェラートをつくるときには、仕上がりの味や香り、食感、かたさなどをイメージしながら、パソコンで材料の分量をこまかく計算して、レシピを考えます。厨房では、この表のとおりに材料をはかってつくるので、とても大事な作業です。

ジェラート屋さん

巨峰のジェラート

秋らしいジェラートのひとつ。長野県や山梨県の農家さんから送ってもらったぶどうを使います。ぶどうは皮ごとミキサーにかけることで、しっかりとした味が出ます。

とれたてのぶどうでつくるんだね。

レモンをしぼって、漉して汁をとります。

はちみつを投入！

まず、ジェラートのベースづくり。パステライザーに水とさとうなどを合わせて入れて、加熱殺菌します。加熱がおわったら自動的に温度が下がります。はちみつは高温に弱いので、少し温度が下がったところで加えます。

箱いっぱいの巨峰！

ひとつずつ枝をとります。

ぶどう農家さんから、きのう収穫した巨峰がたくさん届きました。これを全部、今日中にジェラートにします。ぶどうは、房からはずれてしまったものを、まとめて送ってもらっています。味はおいしいのに、房についていないとスーパーなどのお店では売れないので、少し安く仕入れることができます。ぶどうはそのままおいておくと、すぐに色が悪くなって味も落ちるので、到着したらすぐに作業をはじめます。まず冷蔵庫で少し冷やしてから枝をとり、殺菌用の水で洗います。

つぎのページに続く

▶ 開店前〜開店後：厨房の外・厨房

1回分のジェラートのベースと、洗った巨峰の重さをはかって、合わせます。

すごく大きなブレンダーだ！

混ぜおわった液体を「糖度計」にのせて、甘さを確認します。

大きなブレンダーで巨峰をくだきながら、混ぜ合わせます。

皮はここでとりのぞかれるんだ。

レモン汁を加えて、ザルにあけてゴムベラで混ぜながら漉します。これがジェラートのもとになります。

66

ジェラート屋さん

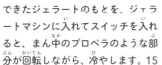
だんだんかたまってくるよ。

できたジェラートのもとを、ジェラートマシンに入れてスイッチを入れると、まん中のプロペラのような部分が回転しながら、冷やします。15分から20分ぐらいで、ジェラートができ上がります。ここまでの作業を8回ぐらいくり返して、巨峰のジェラートをどんどんつくっていきます。

とり出し口の下にステンレス容器をおいて、でき上がったジェラートを全体につめます。

急速冷凍したあとは、大きい冷凍庫にうつして保存します。冷凍庫の中の気温は－28℃。小さいカップにつめたテイクアウト用のジェラートも、ここで保存しています。

作業の合い間に、カップのラベルはり。

容器につめたら、すぐに－40℃の急速冷凍機に入れて冷凍します。こうすると、ジェラートのおいしさを長もちさせることができます。

中はすごく寒いよ！だから、おいしいまま保存できるんだね。

67

開店前：売り場

もうすぐ開店です。盛りつけ用のカップやスプーンを用意して、お客さんをむかえる準備をします。

産地から届いた果物などの箱を、そのまま店内にディスプレイ。いろいろな産地から、素材が届いているのがわかります。

18種類のジェラートが入った、つぼ形のショーケース。容器のまわりに冷媒液が入っていて、これで冷やす仕組みです。

開店

こんにちは！

果物の情報やジェラートの説明、おいしい食べ方などが書かれています。

テイクアウトのお客さんに渡すカード。

2種類盛り合わせるお客さんが多いよ。

ショーケースの容器からジェラートをすくって、カップやコーンに盛りつけて渡します。

職人さんにインタビュー

中井さんに聞きました。

Q どうしてジェラート屋さんをやろうと思ったんですか？

中井さん

A 子どものころから、アイスが好きだったからです。インテリアデザインの勉強のためにイタリアに留学したときも、ジェラートの食べ歩きをよくしていました。日本でも最初はインテリアデザインの仕事をしていたのですが、もういちど自分がやりたいことを考えなおして、やってみることにしました。

Q ジェラートの勉強は、どこでしましたか？

中井さん

A 昔は日本にジェラート屋さんが少なくて、勉強できるところがあまりありませんでした。だから、1年ぐらい働いたお店でおしえてもらった以外は、本を読んだりして、自分で勉強しました。

Q ジェラートのおもしろいところは、どんなところですか？

中井さん

A 果物など、使う素材の味がそのまま出るところです。だから、素材のことを知ることがとても大事です。できるだけ、素材の産地にも行くようにしています。生産者に会ったり、話を聞くのは楽しくて、とても勉強になります。新しい素材に出会うと、どういうジェラートにしようかと考えます。

Q 自分の職業は、どうやって決めればいいですか？

中井さん

A 好きなことを、なんでもやってみたらいいと思います。やってみて、なんかちがうと思ったら、また別のことをすればいいんです。

お家でつくれるお菓子をおしえてもらったよ

マンゴーとパイナップルのジェラート

コンビニでも売っている、冷凍フルーツでつくれる、なめらかなジェラート。

材料
つくりやすい量

- ★冷凍マンゴー…150g
- ★冷凍パイナップル…100g
- レモン汁…1/2こ分
- シロップの材料
  - 水…100㎖
  - コーンスターチ…3g（←小さじ1）
  - グラニューとう…30g
  - 水あめ…50g

※レモン汁は、半分に切ったレモンをしぼってとった汁。種はとりのぞく。

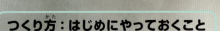

つくり方：はじめにやっておくこと

シロップの材料をはかる。

何回か混ぜながらかためると、フワッと仕上がるよ。

中井さん

ジェラート屋さん

シロップをつくる

1. 小さい鍋に水100mlとコーンスターチ3gを入れて、ゴムベラで混ぜてよくとかす。

2. 1にグラニューとう30gを入れる。中火にかけて、混ぜながらとかす。

3. 2に水あめ50gを入れる。混ぜながらとかす。

ジェラートをつくる

4. 沸騰する手前で火をとめる。さわれるくらいにさめたら、冷蔵庫に20分ぐらい入れて冷やす。

半解凍は、半分ぐらい解凍された状態。

5. ★をボウルに入れ、電子レンジで軽く解凍してから、15分ぐらい部屋において、半解凍する。

6. 5をミキサーに入れる。レモン汁と4のシロップを加える。ミキサーにかける。

混ぜやすい口の広い容器がいい。タッパーなどでもいいよ。

7. 6を、冷凍庫に入れられる容器に入れて、冷凍庫に入れる。

8. 30分たったら、フォークなどで、空気を入れるように全体を混ぜる。また冷凍庫に30分入れる。

こうすると、フワッとしたジェラートになるよ。

9. 8と同じことを、合計4回か5回くり返したら、でき上がり。

71

ジェラート・アイスクリーム大集合
― Sweets File 04 ―

いろいろなお店のジェラートやアイスクリーム。

ジェラート

クレマ クアットロ パンキーネ
牛乳とたまごの黄身を合わせたベースに、ブラッドオレンジのリキュールで香りづけ。エスプレッソを使ったソースとくだいたタルト生地を加えて、いろいろな味、香り、食感が楽しめるジェラートに。

クアットロ パンキーネ

フレッシュミントのストラッチャテッラ＆チョコラートフォンデンテ
ミントの風味をうつした牛乳ジェラートにパリパリのチョコチップの食感をプラス。濃厚なチョコレートのジェラートと組み合わせて。

クアットロ パンキーネ

くるみのヌガティーヌ

石窯焼き安納芋＆ヨーグルト
さつまいもの「安納芋」を、石窯で焼いて皮ごとペーストにしてから、ミルクベースと合わせてジェラートに。ポテトサラダをイメージして、さわやかなヨーグルトのジェラートと組み合わせて。

ジェラート屋オオジ

ヨーグルト＆いちご
香りと酸味に特徴があるいちご「女峰」のジェラートと、これと盛り合わせるために開発したヨーグルトのジェラートの組み合わせ。

ジェラテリア シンチェリータ

ピスタチオと豆腐のソルベ
しぼりたての濃厚な豆乳に、あらめにすりつぶしたピスタチオを加えてジェラートに。

クアットロ パンキーネ

どんな味か、想像してみてね。

ローズマリーハニー

ミルクベースにローズマリーのさわやかな香りと、はちみつの風味を加えてジェラートに。

🍨 ジェラテリア サンティ

ピスタチオ＆レモンカード

柑橘の酸味と相性のいいピスタチオのジェラートと、レモンの酸味を生かした「レモンカード」の組み合わせ。

🍨 ジェラテリア サンティ

プレミアムショコラ＆レモン

濃厚なチョコレートジェラート「プレミアムショコラ」と、さわやかな酸味がおいしいソルベ「レモン」の組み合わせ。

🍨 ファン・アイス！

アイスクリーム

パプアジィ オ テ、ベネズエラ

ミルクチョコレートにアッサムティー（紅茶）を組み合わせた「パプアジィ オ テ」と、カカオ分72％のダークチョコレートを使った「ベネズエラ」。

🍨 ラヴニュービズ

サクランボ、グラスヴァニーユ、オールノワール

さくらんぼのアイス、バニラアイス、チョコレートアイスの組み合わせ。

🍨 ラヴニュービズ

トッピングのモナカクマ

チョコレートアイス

チョコレートに牛乳や水を合わせて、濃厚ながらさっぱりとしたあと味のアイスクリームに。

🍨 ショコラティエ タカ

かき氷大集合
― Sweets File 05 ―

パティシエがつくる、ひと味ちがうかき氷。

かき氷 フレーズ

フランス産のいちごやそのほかのベリー類を使って、香り、味、食感でしっかりフルーツ感を出した、パティシエらしいかき氷。上にのせたホイップクリームが、つめたさをやわらげてくれる。

🍴 アン ヴデット

氷は、こんな機械でけずっているよ。

つくり方

1 機械でけずってフワフワにした氷を、シロップを少し入れたうつわに入れて、

2 シロップをかけて、ベリー類をのせる。

3 また氷をけずって山盛りのせる。シロップをたっぷりかけて、表面をフワフワ氷で薄くおおったら、

4 仕上げに練乳、いちごとフランボワーズのジュレ、ベリー類、いちご、ホイップクリームをトッピング。

協力：株式会社中部コーポレーション

あずきとメレンゲ
かき氷の中に、北海道の十勝産のあずき、メレンゲをパウダー状にして混ぜこんだホイップクリーム、わらびもちをイメージしたおもちを入れて、上にもサクサクのメレンゲをたっぷりのせる。

🟩 あずきとこおり

インカのめざめ
かき氷の中に、じゃがいものピューレ、カマンベールチーズのエスプーマ、ミルクシロップとひよこ豆のサラダを入れて、上には揚げたてのポテトチップス。甘くないかき氷。

🟩 あずきとこおり

パッションフルーツとシブースト
けずった氷の上にアングレーズソース、パッションフルーツソース、キャラメルのエスプーマ、生キャラメルなどをかさねる。いちばん上にシブーストクリームをたっぷりしぼり、表面をバーナーであぶる。

🟩 あずきとこおり

アンサンブル 完熟苺とマスカルポーネカスタードソースの多重奏
フワフワの氷にいちごシロップ、コンデンスミルク、カスタードソースなどを3層にかけ、中にマスカルポーネチーズのムースを仕こむ。

🟩 パティスリー エチエンヌ

かき氷 カシメロ
甘さと香りが豊かなメロンピューレのシロップと練乳をかけて、酸味のあるカシスのジュレで、全体をひきしめる。

🟩 アン ヴデット

75

フルーツパーラー

タカノフルーツパーラー

フルーツをテーマにしたお店です。いろいろな種類のフルーツを使ったデザートやジュースなどを提供しています。フルーツパフェやプリン・ア・ラ・モードなどの定番メニューと、旬のフルーツを使った季節のメニューがあります。

[左上]新宿本店は、ビルの5階にあります。窓が大きく明るい店内です。[右上]パフェは3品のレギュラーメニューと、季節商品が5品ほど。[左]柱にかざられているのは、お店の歴史を感じさせるマッチラベル。

森山登美男さん

「タカノフルーツパーラー」のお店全体をまとめる、フルーツのスペシャリストです。タカノでは、チーフフルーツクチュリエとよばれています。スタッフが出したアイデアをもとに、新しいメニューの組み立てを考えるのも、森山さんの仕事です。

フルーツパーラー

プリン・ア・ラ・モード。

5種類のフルーツを使った、フルーツミックスジュース。

バナナチョコレートパフェ。

ワッフルにフルーツの盛り合わせやアイスクリームをそえた、フルーツワッフル。

商品をつくっているところを、見せてもらったよ

開店前：厨房

店内とドア1枚で仕切られた奥に、厨房があります。
開店前の時間は、フルーツのカットや
フルーツサンドイッチの準備など、
提供する当日でなければできない仕こみをします。

> バナナなど色の変わりやすいフルーツは、使う直前まで切らないでおきます。

フルーツは、切っておくと鮮度が落ちるので、その日の朝に切り分けます。開店時間に合わせて、朝早くから作業をはじめます。

マスクメロンは、毎日たくさんの量を使います。種をとってくし形に切ってから、ななめに切り分けておきます。

> 製造スタッフのユニフォーム。

大きなスイカも、長い包丁でどんどんくし形に切っていきます。このあと、3cm厚さくらいに切り分けておきます。スイカは、夏だけでなく一年中使います。

フルーツパーラー

秋は洋なしもたくさん使います。これは「カリフォルニア」という品種。皮をたてにむいて半分に切ったら、種の部分をくりぬきます。

キウイは両はじを切り落としてから、たてに皮をむいていきます。むいた皮に、グリーンの身の部分が半分つくようにむくと、表面がなめらかに仕上がります。

つるんとなめらかにむけました。

オレンジは、ヘタ側を少し切り落としてから皮のはじに包丁を入れ、オレンジのほうをまわしながら、皮を細長くむいていきます。力を入れると果肉がつぶれてしまうので、包丁は上下に軽く動かすだけです。

芯をV字に切りとってから、くし形に切り分けます。包丁でおして切ると果肉がつぶれるので、包丁を手前に引くようにして切ります。

皮のむき方や切り方にも、いろいろなコツがあるんだよ。

フルーツの準備ができました。あとは、注文が入ってから、使う大きさに切ります。

お店の外には、たくさんのフルーツが届いているよ！

つくっておいたプリンを型からぬいて、プリン・ア・ラ・モードのうつわに入れて、準備します。

つぎのページに続く

79

▶ **開店前：厨房**

パンの上に、ホイップクリームとフルーツをのせて、フルーツサンドイッチをつくります。フルーツは、食感が楽しめるようにゴロゴロと大きめに切って、サンドイッチの断面がカラフルに見えるようにちらしてのせます。

このあとホイップクリームとパンをかさねてはさみ、注文があるまで冷蔵庫に入れておきます。

開店

開店後：厨房・店内

注文が入ったら、仕上げの調理や盛りつけをしていきます。
バナナなど色の変わりやすいフルーツは、使う直前に皮をむいて切り分けます。

フルーツミックスジュース

もも（黄桃）のシロップ漬け、りんご、バナナ、パイナップル、オレンジをミキサーにかけて、漉します。

グラスにグレナデンシロップを入れてジュースを半分注ぎます。ジュースを冷やしかためたオレンジキューブを入れて、またジュースを注ぎます。

ジュースが水っぽくなるので、ふつうの氷は使いません。

グラスのふちに、パイナップルをかざったらでき上がり。

80

フルーツパーラー

バナナチョコレートパフェ

チョコゼリーをディッシャーで丸くぬいて、

ラズベリーソースを入れたパフェグラスに入れます。

バナナを入れて、チョコソースをまわし入れ、

機械でソフトクリームをしぼったら、

くだいたパイをちらして、チョコアイスをのせて、

四角く切ったブラウニーとチョコプリンをのせます。

バナナをたて長に切ってのせて、

ホイップクリームをしぼり、アーモンドクラッツランをちらします。

チョコフロランタンをそえて、でき上がり。

カウンターに出したら、

サーヴィスのスタッフが、客席にはこんで提供します。

おいしいものが、つまってる！

つぎのページに続く

▶ 開店後：厨房・店内

フルーツワッフル

ワッフルを焼いて、フルーツの盛り合わせやアイスクリームといっしょに提供します。フルーツの皮をじょうずに生かしてカットすると、盛り合わせがはなやかになります。

ワッフルを焼く

ワッフルメーカーに生地を流して、焼きはじめます。焼いている間に、フルーツを切ります。

皮つきのフルーツを切る

オレンジ

くし形に切ったオレンジの、皮と身の間にナイフを入れて、皮を $\frac{2}{3}$ ぐらい切りはなします。

切りはなした皮の内側を薄く切りとります。

切りはなした皮の両側に、ななめに切りこみを入れて、

皮の先を内側におりこむと、切りこみの外側の皮が立ち上がります。

パパイヤ

食べやすい大きさに切ったパパイヤの、皮と身の間にナイフを入れて、皮を $\frac{2}{3}$ ぐらい切りはなします。

切りはなした皮の片側に、ななめに切りこみを入れて、

皮の先を内側におりこむと、切りこみの外側の皮が立ち上がります。

この皮の切り方、やってみたいな。

フルーツパーラー

メロン
メロンの皮と身の間にナイフを入れて、皮を $\frac{2}{3}$ ぐらい切りはなします。

切りはなした皮の片側に、ななめに切りこみを入れて、

皮の先を内側におりこむと、切りこみの外側の皮が立ち上がります。

食べやすさもちゃんと考えられているよ。

りんご
くし形に切ったりんごの皮と身の間にナイフを入れて、皮を $\frac{2}{3}$ ぐらい切りはなします。

切りはなした皮を、ななめに切り落とします。

パイナップル
パイナップルは、食べやすいように、皮と身の間に切りこみを入れておきます。

盛りつける

ワッフルが焼けたら、きれいに形をととのえて切り分け、うつわに盛りつけます。別のうつわに、皮つきのフルーツと皮なしのフルーツを合わせて盛りつけ、グラスにアイスを入れてそえます。

ワッフルにバターやジャム、メープル風シロップをそえて、フルーツといっしょにカウンターに出します。サーヴィスのスタッフが、トレーにのせて客席にはこびます。

つぎのページに続く

83

▶ 開店後：厨房・店内

プリン・ア・ラ・モード

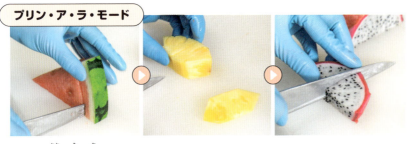

ドラゴンフルーツ

サボテンの仲間。ピタヤともいいます。果肉の中に、黒いごまのような種があり、種ごと食べられます。

スイカは皮を切り落とし、パイナップルとドラゴンフルーツは食べやすい大きさに切ります。

プリンのまわりにスイカ、メロン、オレンジ、ピンクグレープフルーツ、パイナップル、キウイ、いちご、ドラゴンフルーツを盛りつけます。

フルーツが
いっぱいだ！

色の変わりやすいバナナは、最後に切って盛りつけ、ホイップクリームをしぼって、アイスクリームをのせて、カウンターに出します。

サーヴィスのスタッフが、トレーにのせて客席にはこびます。

フルーツの色の
組み合わせも
きれいだね。

パティシエさんにインタビュー

森山さんに聞きました。

森山さん

Q フルーツパーラーで働くときに、大事なことはなんですか？

A まずフルーツの食べごろがわかるようになることです。そして、フルーツを好きになること。ただ仕事をするのではなく、興味をもっていろいろなものを見ると、知識がふえて、どんどん楽しくなります。フルーツの箱を見るだけでも、いろいろな産地があって、季節によって変わるのがわかります。

Q どのフルーツも、とれたてが食べごろではないのですか？

A いちごなど、収穫後すぐに食べたほうがおいしいものもありますが、メロン、もも、洋なしなど、収穫してから少しおかないと、おいしくならないものもあります。そういうフルーツは、食べごろになるまでまってから使います。

森山さん

森山さん

Q おいしいメロンやスイカは、どこでわかりますか？

A つるのついたメロンは、つるが枯れていると、中が熟している目安になります。スイカは、たたいたときにパンパンとはじける音がするほうがおいしいです。メロンは逆で、熟したものは、たたくと少しにぶい音がします。

Q 新人でも、フルーツがじょうずに切れるようになりますか？

A 包丁のもち方からおしえるので、だいじょうぶです。フルーツパーラーならではの切り方もありますが、だんだんできるようになります。フルーツは切り方しだいでおいしさが変わるので、切る作業はとても大事です。

森山さん

> お家でつくれるお菓子をおしえてもらったよ

フルーツサンドイッチ

フルーツを薄切りにしてはさむ、
ちょっとおもしろいフルーツサンド。
シャキシャキしたりんごの食感がポイント。

材料

サンドイッチ4こ分

8枚切りの食パン…2枚
バター…パンにぬりやすい量
★生クリーム…100mℓ
★グラニューとう…7g
りんご…1/8こ
バナナ…1/2本
皮をむいたキウイ…1/2こ
皮をむいたパパイヤ…1/4こ
皮をむいたパイナップル…1/16こ
大きいいちご…1こ

※生クリームは、泡立てやすい量なので、少し多めにできる。
※フルーツの量はだいたいの目安。
※キウイは、79ページのようにして皮をむき、横半分に切ったもの。
※りんごはよく洗い、8等分のくし形に切って、芯を切りとったもの。

つくり方：はじめにやっておくこと

八分立てはこれくらい。

ボウルに★を入れて氷水につけ、ハンドミキサーで八分立てにする。

バターは冷蔵庫から出して少しおき、ぬりやすいやわらかさにしておく。

フルーツを用意する。りんごとバナナは、皮つきのままにしておく。

> フルーツは、まん中のほうに色の濃いものを入れると、断面がきれいよ。

簗瀬さん

フルーツパーラー

フルーツを切る

1 パイナップルとパパイヤを、2mm厚さくらいに切る。

2 横半分に切ったキウイは、たて半分に切ってから、2mm厚さくらいに切る。

3 いちごはヘタをとって、たてに2mm厚さくらいに切る。

色が変わりやすいりんごとバナナは、最後に切ってね。

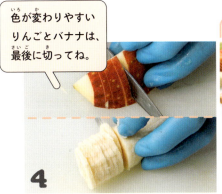

4 りんごは皮つきのまま2mm厚さくらいに切る。バナナは皮をむき2mm厚さくらいに切る。

パンにはさむ

5 2枚の食パンの片面に、バターを薄くぬる。

6 片方の食パンのバターの上に、八分立ての生クリームをぬる。

7 6のパンの上に、バナナを並べてしく。

8 バナナの上に、パイナップルを並べる。

9 キウイをならべる。その上にパパイヤを並べる。

つぎのページに続く

87

10 いちごを並べる。その上にりんごを並べる。

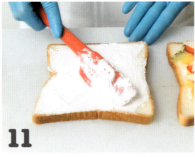

11 もう片方の食パンのバターの上に、八分立ての生クリームを、少し厚めにぬる。

12 11のパンを、フルーツをのせたパンの上にのせる。上から軽くおさえてはさむ。

> こうすると切りやすくなる。ただし、あまり長くおきすぎるとフルーツの色が悪くなるよ。

13 ラップでつつんで、15分ぐらい冷蔵庫に入れておく。

切る

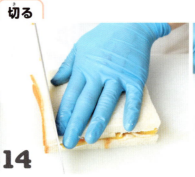

14 ラップからとり出し、パンの耳を切り落とす。

15 向かい合った角と角をつなぐように包丁を入れて、半分に切る。

> 両側のパンを、うまくおさえながら切ってね。

16 15の切り口を合わせたまま、のこりの角と角をつなぐようにしてまた包丁を入れ、切り分ける。

17 切り口が上になるようにして、うつわに盛りつける。

> いろいろなフルーツの、味と食感が楽しめるね。

パフェ大集合
― Sweets File 06 ―

※現在は、こちらの仕様での販売はありません。

フルーツのパフェ

フルーツのおいしさが主役の、タカノフルーツパーラーのパフェ。

**静岡県産
マスクメロンのパフェ**
マスクメロンをふんだんに使った、ぜいたくなパフェ。

**栃木県産
スカイベリーのパフェ**
甘くてやわらかいいちご、スカイベリーを使って。

**シャインマスカットと
ピオーネのパフェ**
皮ごと食べられるシャインマスカットと、皮をむいたピオーネをたっぷりと使ったぶどうのパフェ。

山梨県産白桃のパフェ
もものパフェは、6月から8月までのメニュー。いろいろな産地、品種のももを使う。

宮崎県産マンゴーのパフェ
やさしい甘みの宮崎県産マンゴーをホイップクリームやココナッツのブランマンジェと合わせて。

フルーツパフェ
12種類のフルーツを使ったパフェ。フルーツの種類は季節によって少し変わる。

89

デザインパフェ

フルーツパーラー以外のお店のパフェ。素材の組み合わせや盛りつけのおもしろいパフェがたくさん。

プラムカシス

プラムのおいしさ、みずみずしさを生かすため、カシス、スグリ、ブラックベリーなどのキレのよい酸味を合わせている。シナモンやアールグレイなど甘い香りのパーツをアクセントとしてさしこんで、プラムのすがすがしい味わいをより強調する仕立てに。

 パティスリー ビヤンネートル

コーヒーとブランデーのパフェ

苦みを生かしたコーヒーのグラニテ、ブランデーをきかせたクリーム、濃厚なチョコレートのムースとソースで構成するおとなの味わい。パッションフルーツのアイスクリームと赤ワインソースでキレのよい酸味を加え、軽やかさをそえている。

アトリエ コータ

和栗と赤スグリ

旬の時期にしか味わえない国産の栗で自家製したクリーム、シロップ漬け、ジェラートが主役。栗の味わいを引き立てるため、酸味の強いスグリを合わせている。栗によく合うほうじ茶を使ったジュレ、甘くてさわやかなアニスの香りのブランマンジェをグラスの底に入れて。

パティスリー ビヤンネートル

パーフェクト・マロン

栗のペーストのアイスクリーム、渋皮入りのアイスクリーム、渋皮煮、マロングラッセ、マロンクリームを盛り合わせて、栗の味わいを「パーフェクト」に味わえるパフェに。

パティスリー&カフェ デリーモ

パルフェビジュー ポワール

ねっとりとした洋なしとチョコレートの、秋らしい濃厚な組み合わせ。洋なしは生、ジェラート、ブランマンジェ、コンポート、ジュレにして、さまざまな食感で、洋なしの魅力を強調している。

▶ パティスリィ アサコ イワヤナギ

イチゴのサントレーノ

小さなシュー生地とクリームを積み上げてつくるフランス菓子「サントレーノ」から発想したパフェ。甘みが強いいちご「あまおう」は生で。甘みと酸味のバランスのよい「さがほのか」は、ゼリーとシャーベットにしている。こってりと濃厚なクリームチーズベースのクリームを合わせて、バランスをとる。

▶ ノイエ

ピスタチオと杏のパフェ

アンズはソルベとフレッシュのソテーに、ピスタチオはクリームとアイスクリームにして組み合わせた。うつわはワイングラスを使い、チュイルでグラスの中と上を区切り、それぞれの空間を生かした美しい盛りつけに。いちばん上にはできたてのあめ細工をのせて。

▶ アトリエ コータ

クレープ大集合
— Sweets File 07 —

パティシエがつくる、楽しいクレープ。

こまかく切ったいちご／クレーム・ダンジュ（レアチーズケーキ）／泡立てた生クリーム／桜の葉の塩漬け／いちごのソース／シュトロイゼル（そぼろ状のトッピング）／まっ茶と桜の葉のパウダー入りのメレンゲ／こがしバター入りのクレープ生地

苺と桜のクレープ

上にのせた桜の葉入りのいちごミルクのジェラートが主役。まっ茶と桜の葉のパウダー入りのメレンゲやいちごなどをそえて、味や食感に変化をつけている。中にもいちごのソースや切ったいちごをたっぷり入れて、どこを食べてもフレッシュさを感じられるように。

フロート

つくり方

1

2

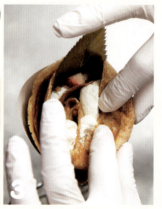
3

生地を焼いて、中の具材をのせる。生地を2つおりにしてから巻く。泡立てた生クリームを中心にしぼり、手前の部分をおりこんで、ジェラートやメレンゲをのせる。

フレーズ ピスターシュ

いちごとピスタチオのクレープ。ピスタチオ風味のクリーム、ラズベリーのソース、いちご、メレンゲ、クランブル、ピスタチオを生地にのせて巻く。上にも同じ具材をのせて。

■ アン ヴデット リュクス

キャラメルノワゼット

ケーキで定番のヘーゼルナッツとキャラメル味を組み合わせたクレープ。ヘーゼルナッツ風味のクリーム、キャラメルソース、オレンジ、メレンゲなどを生地にのせて巻く。

■ アン ヴデット リュクス

ショコラ

チョコレートを使ったクリーム、ソース、クランブル、ブラウニーなどのパーツを組み合わせた、チョコレート好きにはたまらないクレープ。

■ アン ヴデット リュクス

柑橘のクレープ

ブラッドオレンジと「不知火」という、2種類の柑橘を主役にした、スプーンで食べるクレープ。巻いた生地の中の生クリームの下にも、生の柑橘やオレンジのコンポートが入っている。

■ パティスリー エチエンヌ

プラリネ ピスターシュ ホイップ

焼いた生地をおりたたんでつくる、3つおりクレープ。生地のサクサクした食感が楽しい。中身はピスタチオとキャラメルのペーストと、泡立てた生クリーム。

■ 菓子屋クロフネ

チョコレート屋さん

ショコラティエ
ル・プティ・ボヌール

チョコレート専門店です。売っているチョコレートは40種類以上。ボンボンショコラは1粒から買えるので、好きなものを選んで組み合わせる楽しさもあります。クリスマスやハロウィンなどが近づくと、それに合わせた季節商品も並びます。

ショーケースには、カラフルなボンボンショコラがきれいに並びます。色だけでなく、味も全部ちがいます。

廣嶋 恵さん

「ル・プティ・ボヌール」のショコラティエです。お菓子の勉強のために行ったフランスで、チョコレートのおもしろさに目覚め、ショコラティエの道に進みました。お店の商品のレシピを考えるのもつくるのも、ほとんど1人でおこなっています。

チョコレート屋さん

※ショコラはフランス語でチョコレートのこと。ショコラティエは、チョコレート専門のお菓子職人のことです。チョコレートを売るお店をさすこともあります。

ボンボンショコラのつめ合わせ。

ドライフルーツやナッツをのせた、タブレット。

中身はフランボワーズのソースとピスタチオのガナッシュ。

1粒から買うことができます。

チョコレートをつくっているところを、見せてもらったよ

開店前〜開店後：厨房

売り場の奥の厨房で、廣嶋さんがほとんど1人でチョコレートづくりをしています。
お客さんが来たら売り場に出て、販売もおこないます。

チョコレート色のユニフォーム。

ハート形のボンボンショコラ

ボンボンショコラは、中につめ物をつめたり、中心になるものにチョコをかけてかためたりしてつくる、ひと口サイズのチョコレートのことです。このハートの中身は、フランボワーズのソースとピスタチオのガナッシュ。ガナッシュは、チョコレートや生クリームなどを合わせて、クリーム状にしたものです。

色づけ

このボンボンショコラは、型にチョコレートを流してかためる方法でつくります。最初に、エアブラシという道具で赤いカカオバターを型にふきつけて、色づけをします。ハート形のへこみの外側についたカカオバターをふきとってから、今度は白いカカオバターを少しふきつけて、色に変化をつけます。

色づけがおわった型。

チョコレート屋さん

※この本の厨房の中の作業で「とかしたチョコレート」というのは、すべてテンパリングがおわったチョコレートのことです。

テンパリングマシン

チョコレートをとかして、温度を上げたり下げたりしながら、使える状態に調整することを「テンパリング」といいます。テンパリングマシンは、この作業を自動的にやってくれる機械です。下のタンクでテンパリングされたチョコレートが、上のじゃ口から出てくる仕組みです。

材料は、フランスやベルギーのチョコレート。いろいろな種類があります。

> チョコレートは、テンパリングをしないと、きちんとかたまらなかったり、つやが出なかったりするんだって。

チョコレートのケースをつくる

色づけした型に、とかしたチョコレートを流します。

パレットで全体に広げてから、よぶんなチョコレートを落とします。

> テンパリングマシンの台は、振動するようになっています。

チョコレートを入れた型をテンパリングマシンの台にのせて、振動させながら、チョコレートの中の空気をぬきます。

型をひっくり返し、まだかたまっていないチョコレートを落とします。ハートの中に、チョコレートが薄くのこります。

たれたチョコレートを、パレットで落とします。

型を立てて少しおいて、薄くのこった中のチョコレートをかためます。

だいたいかたまったら、パレットで、型の表面のチョコレートをけずりとります。

少しおいてチョコレートが完全にかたまったら、ハート形のチョコケースのでき上がり。

つぎのページに続く

▶ 開店前〜開店後：厨房

中身をつめる

チョコレートのケースの中に、つくっておいたフランボワーズのソースを入れて、上に、ピスタチオのガナッシュをつめます。

「チョコでふたをするから、入れすぎないように…。」

娘さんからのお手紙。

つめおわったら、チョコレートエージング庫にひと晩おいてかためます。エージング庫の中は、チョコレートにとっていちばんいい温度や湿度になっています。

チョコレートでふたをする

※ここから先の作業は、実際には中身をつめた次の日におこないます。

かたまったガナッシュの上にチョコレートを流して、パレットで広げてから、よぶんなチョコレートをはらいます。少しおいてだいたいかたまったら、表

面をパレットでけずります。型の向きを変えてまたチョコを広げて、表面をけずって仕上げます。2回くり返すことで、底がたいらに仕上がります。

チョコレートがかたまったら、でき上がり。型のふちにトンとヘラをあてると、つやつやの赤いハートチョコが出てきました。最初に型にふきつけたカカオバターの色が、表面の色になります。

トン

完成！

チョコレート屋さん

タブレット

上にナッツやドライフルーツをのせた、板状のチョコレートです。いろいろなチョコレートでつくれますが、今日は、キャラメル味のチョコレートを使います。

チョコレートのテンパリングは、手作業でおこなうこともできます。温めてとかしたチョコレートに、とけていないチョコレートを加えて、よく混ぜながら温度を下げていきます。だんだんなめらかになって、つやが出てきます。

とかしたチョコレートを型に流して、ナッツを並べます。チョコレートエージング庫に入れて、かためます。

四角いボンボンショコラ

チョコレートに生クリームなどを加えてつくるガナッシュに、薄くチョコレートをかけて、かためてつくります。

ギター

かためたガナッシュなどのやわらかいものを、金属の線でカットするカッターです。切る方向を変えることで、四角く切り分けることができます。

> 数が多いときは、機械を使っておこないます。

大きな四角にかためておいたガナッシュの両面に、とかしたチョコレートを薄くぬって、切りやすくしてから、

ギターでたてと横に切って、小さい四角にします。

チョコレートフォークにのせて、全体にとかしたチョコレートをつけます。この作業を「トランペ」といいます。

クッキングシートの上にのせて、チョコレートフォークでもようをつけてから、かためます。

※ここから先の作業は、実際には中身をつくった次の日におこないます。

99

このチョコレートは、
こんなふうにつくっているよ

胴体と頭、ぼうしのパーツをつくる

1 コウモリの胴体と頭になるパーツです。半円の型に、とかしたチョコレートを流します。

2 ぼうしになるパーツです。すず形の型に、とかしたチョコレートを流します。

コウモリ

チョコレート細工のコウモリ。ハロウィンが近づくとお店に並ぶ、季節限定の商品です。

3 両方とも、そのまま少しおいてから、

4 型をひっくり返して、まだかたまっていないチョコレートを落として、パレットではらいます。

5 型をうら返した状態で、中にはりついたチョコレートがかたまるまでおきます。

6 だいたいかたまったら、パレットで、型の表面のチョコレートをけずります。

チョコレート屋さん

プレゼントにもぴったりな、楽しいチョコレート細工。
チョコレートでいろいろなパーツをつくり、組み立てて仕上げます。

羽、耳、ぼうしのつばをつくる

天板のうら側に、とかしたチョコレートを薄くのばして、

完全にかたまりきらないうちに、羽と耳の形につくった型をのせて、まわりを竹串でなぞって切ります。

丸い型でぬいて、ぼうしのつばの部分をつくります。

透明シートをのせて、天板ではさんでおきます。

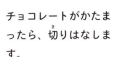
チョコレートがかたまったら、切りはなします。

ぼうしをつくる

かたまった、すず形のチョコレートを型からぬきます。

軽く温めたバットのうらに、すずの下の部分をつけて、少しとかします。

とかした部分を、丸くぬいたチョコレートにつけて、かたまるまでおきます。

むらさき色の食用パウダーをまぶしたら、ぼうしのでき上がり。

つぎのページに続く 101

組み立てる

16 かたまった、半円のチョコレートのケースの半分を、型からとり出します。

17 型にのこったほうのケースに、いろいろなチョコレートやドライフルーツを入れます。

18 型から出したケースのふちを、温めたバットのうらにつけて、少しとかしてから、

19 中身を入れたケースにかぶせます。そのままおいて、くっつけます。

20 温めた金串で2ヵ所あなをあけて、アラザンの目をつけます。

21 とかしたミルクチョコレートで口をかきます。

22 羽のチョコレートは、胴体につける部分を、温めたスプーンにつけてとかして、

23 胴体にくっつけます。耳も同じようにして、頭の片側につけます。

24 トレーにとかしたチョコレートを入れて、コウモリをのせます。

25 とかしたチョコレートでぼうしをくっつけます。トレーのチョコレートがかたまったらでき上がり。

ハロウィンにピッタリ！

完成！

チョコレート屋さん

ショコラティエさんにインタビュー
廣嶋さんに聞きました。

廣嶋さん

Q チョコレート屋さんをやろうと思ったのは、なぜですか?

A 小さいころからお菓子づくりが好きで、ケーキ屋さんになろうと思っていたのですが、お菓子の勉強のために行ったフランスで出会ったチョコレートがとても魅力的で、チョコレート専門店での仕事も楽しかったからです。

Q ケーキ屋さんとチョコレート屋さんのお仕事のちがいは?

A ケーキ屋さんは、パティシエが厨房の中のいろいろな場所で作業をしますが、チョコレートづくりは同じ場所で、同じ作業をくり返しおこなうことが多いです。それと、チョコレートはかためたりする時間が必要なので、つくるのに時間がかかります。

廣嶋さん

廣嶋さん

Q お仕事をしていてうれしいのは、どんなときですか?

A チョコレートは、部屋の温度や湿度などにも敏感で、同じ方法でつくっても、いつもはかたまるのにかたまらなかったり、つやが出なかったりすることもあって、むずかしいです。でも、だからこそ、最後に型からつやつやのチョコレートが出てきたときには、とてもうれしい気持ちになります。

Q ショコラティエになるのに必要なものはなんですか?

A ひとつのことにじっくりとり組める根気と、深く知ろうとする探究心でしょうか。どちらもチョコレートづくりには必要です。

廣嶋さん

> お家でつくれる
> お菓子を
> おしえてもらったよ

テリーヌショコラ

なめらかで濃厚（のうこう）なチョコレートケーキ。
小麦粉（こむぎこ）などの粉類（こなるい）を加（くわ）えずにつくるのが特徴（とくちょう）です。

材料（ざいりょう）

5.5cm×6cm×15cmの
パウンド型（がた）1こ分（ぶん）

★ チョコレート…160g
★ 無塩（むえん）バター…80g
たまご…L玉（だま）2こ（中身（なかみ）120g）
グラニューとう…20g
甘（あま）くないココアパウダー
　…好（す）きな量（りょう）

※チョコレートは、カカオ分（ぶん）64％のお菓子（し）づくり用（よう）のビターチョコレートを使（つか）っている。
※たまごの中身（なかみ）が120gにならないときは、たりない分（ぶん）の牛乳（ぎゅうにゅう）をたすとよい。
※保存（ほぞん）は冷蔵庫（れいぞうこ）で1週間（しゅうかん）ぐらい。

つくり方（かた）：はじめにやっておくこと

材料（ざいりょう）をはかる。

型（かた）から少（すこ）しはみ出（で）るくらいの大（おお）きさに、クッキングシートを切（き）る。

クッキングシートを型（かた）の内側全体（うちがわぜんたい）にしく。

> 材料（ざいりょう）を、
> つやが出（で）るまで
> しっかり混（ま）ぜるのが
> ポイント！

廣嶋（ひろしま）さん

※オーブンは、焼きはじめられそうな時間に合わせて、170℃に予熱しておく。

材料を混ぜ合わせる

ボウルより少し小さめの鍋を使う。

1. 鍋に水を半分ぐらい入れて、わかす。火をとめる。ボウルに★を入れて、鍋にのせる。

2. 泡立て器でよくかき混ぜながら、とかす。なめらかにとけたら、ボウルを鍋からおろしておく。

このお湯は、まだ使うからすてないでね。

3. 別のボウルにたまごとグラニューとうを入れて、泡立て器でよく混ぜる。

4. 2のお湯に、3のボウルをつけて、混ぜながら温める。

最初は少しボソボソしていてもだいじょうぶだよ。

5. 2のチョコレートの入ったボウルに4を半分入れて、泡立て器でよく混ぜる。

とろっとして、つやつやになるまでしっかり混ぜるよ。

6. だいたい全体に混ざったら、のこりの4を全部入れて、なめらかになるまでよく混ぜる。

焼く

とびらをあけたときに温度が下がるから、予熱温度は170℃にしておくといい。

7. 6を、クッキングシートをしいた型に流し入れる。バットにのせておく。

8. お湯をわかし、予熱したオーブンの天板に入れる。7をバットのまま入れ、160℃で25分焼く。

9. 少しさまし、冷蔵庫にひと晩入れる。型から出してシートをとる。ココアを茶こしでふる。

チョコレート屋さん

105

チョコレート菓子 大集合
— Sweets File 08 —

プレゼントにもぴったりな、
いろいろなタイプのチョコレート菓子。

ル・プティ・ボヌール

タブレット
板状のチョコレートのこと。とかしたチョコレートを型に流し入れて、冷やしかためてつくる。ナッツやドライフルーツなどをのせたり混ぜたりしてかためたり、中にナッツのペーストなどを入れてつくったものもある。

ロンボワン

生チョコ
とかしたチョコレートに、生クリームやバター、洋酒などを加えて、冷やしかためてつくる、やわらかいチョコレート。口どけがなめらか。

ル・プティ・ボヌール

ドライフルーツの チョコレートがけ
ドライフルーツをチョコレートでコーティングしたもの。写真は、ドライトマトとドライフルーツのミカン、キウイ、パインをチョコレートで半分だけコーティングしたもの。

ル・プティ・ボヌール

ボンボンショコラ
ひと口サイズのチョコレートのこと。中になにかつめてあるものが多い。中身をつめる方法のひとつは、まずとかしたチョコレートでケースをつくり、中身を入れてからとかしたチョコレートでふたをして、かためる方法。もうひとつは、中身になるものに、とかしたチョコレートをかけてかためる方法。

ル・プティ・ボヌール

ナッツのチョコレートがけ
ナッツの表面をキャラメル状にしてから、チョコレートでコーティングしたもの。写真は、ピスタチオをキャラメル状にしてから、フランボワーズのチョコレートとパウダーでつつんだもの。

ガトーショコラ

チョコレート、バター、たまご、たまごの黄身、小麦粉、泡立てたたまごの白身などを合わせた生地を焼いてつくる、チョコレートケーキ。小麦粉が入るところが、テリーヌショコラとちがう。

ショコラティエ タカ

ソシソンショコラ

ガナッシュ（チョコレートに生クリームなどを混ぜて、クリーム状にしたもの）に、マシュマロやナッツを混ぜて、棒状にしたチョコレート。ソシソンはフランス語で乾燥ソーセージのこと。形や切り口などの見た目を、サラミなどのソーセージに似せてつくるので、この名前がついている。

ショコラティエ タカ

テリーヌショコラ

チョコレート、たまご、バター、さとうなどを混ぜ合わせた生地を、型に入れて焼いてつくる、濃厚なチョコレートケーキ。小麦粉を使わないのが特徴で、生チョコのようななめらかな食感。

ラヴニューヒズ

チョコレートクッキー

シナモン生地のしぼり出しクッキーに、ダークチョコレートを合わせて。

バターたっぷりのシナモン味のクッキーを、ミルクチョコレートでコーティング。

チョコレートでコーティングした分厚いガナッシュを、サブレではさんで。

ダークチョコレートに、ナッツやドライフルーツなどをトッピングして、サクッとした星形クッキーに合わせて。

107

和菓子屋さん

竹紫堂

四代続く、和菓子屋さんです。ショーケースには、一年中あるお菓子のほか、季節や行事に合わせたお菓子も並びます。自分のおやつを買いにくる人、おみやげや贈り物用のお菓子を探す人など、いろいろな客さんがおとずれます。

15種類以上のお菓子があります。どら焼きだけでも4種類。きれいな上生菓子も、8種類が並びます。あんこが苦手な人のために、サブレやマドレーヌなどの洋菓子もおいています。地元にちなんだお菓子もあり、おみやげ用に人気があります。

伊藤圭祐さん

「竹紫堂」の、四代目店主です。ひいおじいさんがつくったお店を、両親からうけつぎました。昔ながらの和菓子に、新しい感覚もとり入れながら、自分が食べておいしいと思えるお菓子をつくっています。

和菓子屋さん

「秋風」「茜空」「紫式部」。名前も美しい上生菓子。

どら焼きは、生地やはさむあんこのちがいで4種類。季節限定の商品もあります。

もちもちの豆大福。

1本から買えるみたらしだんご。

秋の薯蕷まんじゅう（上用まんじゅう）

お菓子をつくっているところを、見せてもらったよ

開店前〜開店後：厨房

開店前から厨房で、伊藤さんがお母さんと2人で作業を分担しながら、お菓子をつくっています。開店後は、お客さんが来たらお店に出て販売もします。

1. あんねり機に水とさとう、生あんの半分を入れて、加熱しながらねっていきます。まん中の軸の部分が回転してねる仕組みです。

2. 沸騰してボコボコいってきたら、のこりの生あんと粉寒天を加えます。寒天は、あんこが水っぽくなるのを防ぎます。

こしあん

こしあんは、あずきの粒がのこっていない、なめらかなあんこです。おまんじゅうやようかんなど、いろいろな和菓子に使います。少しずつつくるより、たくさんつくったほうがおいしくできるので、ある程度の量をまとめてつくります。粒あんは、あずきを煮るところからはじめますが、こしあんは、さとうを加える前の生あん（こしあんのもと）を、あんこ屋さんから買ってつくっています。

生あん（こしあんのもと）。

3. 少しすき間をあけてふたをかけ、水分をとばしながらねっていきます。

少しずつ水分がとんできた。

4. 1時間ぐらいねったらでき上がり。20kgのこしあんができました。冷蔵庫で保存して、いろいろなお菓子に使います。

お菓子をつくるときのユニフォーム。

和菓子屋さん

生地をつくる

どら焼き

今日は、栗あんをはさんだ秋限定の「秋どら」をつくります。

たまごをときほぐして、上白とうを加えて、よく混ぜてとかします。

はちみつとみりんを入れて、また混ぜます。

薄力粉とベーキングパウダーを合わせてふるい、加えます。

こうすると、ぐるぐる混ぜ続けるより、焼いたときにフワッと仕上がるんだって。

全体に混ぜてから、泡立て器で何回か、上からたたきつけるようにして混ぜます。

生地のかたさは、使うたまごなどによっても変わるので、水を加えて調整します。

漉し器で漉して、1時間ぐらい生地をやすませます。

やすませると、生地がなじむんだって。

つぎのページに続く

111

▶ 開店前〜開店後：厨房

生地を焼く

ガスの火で上の銅板を熱する、「平鍋」という機具で焼いていきます。180℃に温めたら、生地を少し落としてためし焼きをします。

「どらさじ」で生地をすくって、平鍋の上に丸く流しながら、どんどん焼いていきます。

生地が少し盛り上がってきたら、金ベラですくって手早くうら返します。うらをさっと焼いたら、2枚ずつ組み合わせながらとり出します。

熱々に焼いた栗の焼き印をおしたら、どら焼きの皮のでき上がり。このままさましておきます。

> どら焼きやおまんじゅうなどにおす、いろいろな焼き印。

栗あんをはさむ

渋皮栗のみつ漬けと白あんなどを合わせてつくった栗あんと、栗の甘露煮をはさんだら、「秋どら」の完成です。

112

和菓子屋さん

練馬区の形だよ！

練馬サブレ
練馬産の大根葉をねりこんだ、あきのこないシンプルな味のサブレ。

ラックには、オーブンからとり出された「練馬サブレ」がどんどん並びます。毎日130枚ぐらい焼きますが、おみやげ用に買う人が多く、1日で売れてしまいます。

開店：売り場
お客さんが来たら、厨房から出て販売もします。

ありがとうございました。

カステラ
カステラも、この厨房で焼いています。今日は、きのう焼いておいたカステラを、切り分けます。

カステラを切る

焼きたてのカステラは、やわらかすぎて切れないから、つぎの日に切るんだよ。

焼くときは、大きい長方形です。幅をはかって、カステラ包丁で長く切ってから、1こ分の大きさに切り分けていきます。

つぎのページに続く

▶ 開店前～開店後：厨房

薯蕷まんじゅう（上用まんじゅう）

山いもとお米の粉を使った生地で、こしあんをつつんでつくる、しっとりとしたおまんじゅうです。一年中ある商品ですが、季節によって、表面のデザインや形を変えて出しています。たとえば春には桜の葉をのせたり、秋には上に赤い色をつけ、もみじの焼き印をおして仕上げます。

紅葉に合わせて、赤色の濃さも変えるんだって。

生地をつくる

すりおろした山いも。

上用粉（こまかいお米の粉）をふるいでふるって、

山いもに加えます。

指でおすようにしながら、混ぜ合わせます。

生地をひとまとめにします。手でたたいたときのポンポンポンといういい音が、きちんと混ざったあいずです。

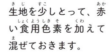

生地を少しとって、赤い食用色素を加えて混ぜておきます。

生地であんをつつむ

こしあんを、1こ分ずつ分けておきます。生地を1こ分ずつちぎって、上用粉の上に並べます。

114

和菓子屋さん

生地を手のひらではさんでたいらにして、あんこをのせて、左手の手のひらで軽くにぎるようにしてまわしながら、つつんでいきます。口をとじて、丸くととのえます。

手の動きがとっても早いよ！

蒸す

つつみおわったものは、せいろに並べていきます。きりふきで全体に水をふきかけてから、赤く色づけた生地を筆でぬって、もようをつけます。

おまんじゅうに水滴がたれないように、カーブしたふたをかぶせ、ボイラーで10分ほど蒸します。

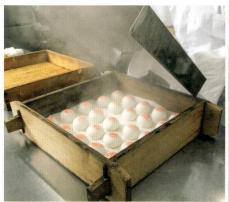

蒸し上がったら、まきすにうつしてさまします。

さめたら、熱々に焼いたもみじの焼き印をおして仕上げます。

115

このお菓子は、こんなふうにつくっているよ

ねり切り

ねり切りは、白あんに山いもや求肥（もち粉などにさとうと水を加えて加熱してねったもの）などのつなぎを加えた生地でつくります。形がある程度決まったものもありますが、自分でアレンジしたり、新しいデザインをとり入れたりすることもできるので、おもしろさがあります。

ねり切りに使う道具。

生地の色づけ

まず、白あんベースの生地に食用色素をねりこんで、必要な色の生地をつくります。

新緑

初夏のころの若葉を、きれいな緑色で表現。

1
2
3
4
5
6

緑色の生地と、白い生地を合わせます。木の葉の木型にのせて、生地をおしつけるようにしてのばします。

生地をはがしてとり、「三角棒」で、まわりにぎざぎざをつけます。こしあんをのせて、生地をかぶせます。

和菓子屋さん

和菓子の中でも、職人の技術によって美しく季節を表現したようなお菓子を「上生菓子」といいます。上生菓子にはいくつか種類がありますが、「ねり切り」もそのひとつです。

桜

花びらの、ピンクのグラデーションが美しい。

1 薄いピンク色の生地をたいらにして、まん中にくぼみをつくります。

2 くぼみに濃いピンク色の生地を入れます。薄いピンク色の生地を少しちぎって、濃いピンク色の生地の上に、はりつけます。

3 こしあんをのせてつつみ、うら返して丸くととのえます。

4 三角棒で、まん中から5等分するように線を入れます。

5 丸いおし型を使って、線の間の生地の表面を、中心から外側にのばすようにして広げます。

6 下の生地の色が表面に出てきて、中心が濃いピンク色の花びらになります。

7 花びらのふちのまん中に、三角棒で少し切りこみを入れて、中心を少しへこませます。

8 黄色い生地を、うら漉し器にあてておし出します。

9 はしでつまんで、まん中にのせます。

つぎのページに続く

117

薔薇

バラの季節によろこばれるデザイン。

スプーン1本でつくるんだね!

白い生地を、手のひらではさんでたいらにして、むらさき色の生地をのせて、おしてはりつけます。

こしあんをのせてつつみ、うら返して丸くととのえます。

スプーンを使って切りこみを入れていきます。下のむらさき色の生地が切り目から見えて、バラの花のようになります。

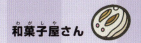 和菓子屋さん

職人さんにインタビュー
伊藤さんに聞きました。

Q お菓子の勉強は、どこでしましたか？

伊藤さん

A 製菓の専門学校にいったあと、2店の和菓子屋さんで修業をしました。

Q 和菓子のおもしろいところは、どんなところですか？

A 日本の文化と、深く結びついているところです。子どもの日にかしわもちを食べるとか、十五夜のときにおだんごを食べるとか、季節や伝統的な行事ごとにお菓子があります。

伊藤さん

Q お仕事で、大変なことはなんですか？

伊藤さん

A その季節にしかつくらないお菓子も多いので、毎年同じようにつくるのが、大変なときもあります。使う材料、たとえば、お米やあずきのできが悪い年があったりもするので、そんな年は、煮る時間を変えるなどして、おいしさは、変わらないようにしています。

Q 和菓子屋さんのお菓子は、お店によってちがいますか？

A お店によって、ちがいがあります。たとえばどら焼きも、つくる人によって変わります。生地の材料がちがっていたり、焼き方がちがっていたりするので、皮がフワフワしたものがあったり、しっとりしたものがあったりします。いろいろあるのがよさだと思います。

伊藤さん

119

> お家でつくれるお菓子をおしえてもらったよ

どら焼き

甘さひかえめの皮で、売っているあんこをはさんでつくる
シンプルなどら焼き。

材料
どら焼き12こ分

生地の材料
- たまご…3こ
- 上白とう…100g
- はちみつ…小さじ1/2
- みりん…小さじ1/2
- ★重そう…5g
- ★水…20g
- 薄力粉…120g
- ベーキングパウダー…2g
- ◆水…20g

サラダ油…少し
粒あん…400g
きなこ…好きな量

※生地の量は、これくらいがつくりやすい。123ページのとら皮焼きと、半分ずつつくってもよい。

つくり方：はじめにやっておくこと

生地の材料をはかる。

粒あんときなこを用意する（生地を焼いたあとに用意してもよい）。

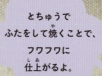
とちゅうでふたをして焼くことで、フワフワに仕上がるよ。

伊藤さん

和菓子屋さん

生地をつくる

1. たまごをわり、ボウルに入れて、泡立て器でほぐす。
2. 上白とうを入れて、混ぜてとかす。（泡立て器を、50回ぐらい行ったり来たりさせて混ぜるといい。）
3. はちみつとみりんを入れて、混ぜ合わせる。

4. ★の重そう5gと水20gを混ぜ合わせてから、3に入れる。混ぜ合わせる。
5. 薄力粉とベーキングパウダーをふるいに入れて、4にふるいながら入れる。
6. 混ぜる。

7. だいたい混ざったら、泡立て器で上から30回ぐらいたたきつけるようにして、混ぜる。（こうすると、生地にねばりが出すぎない。）
8. ◆の水20gを入れて、全体に混ぜる。
9. ボウルのまわりについた生地を、ヘラでとって中にもどす。30分ぐらい部屋においておく。

つぎのページに続く

121

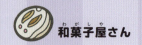
和菓子屋さん

※ホットプレートのかわりに、弱めの中火にかけた、テフロン加工のフライパンで焼いてもよい。

生地を焼く

10 ホットプレートを180℃にする。ペーパータオルにサラダ油を少しつけて、薄くぬる。

生地はこれくらいのかたさ。

11 9の生地をお玉ですくい、直径8cmぐらいの丸になるように、10の両はじに2ヵ所ずつ流す。

まん中は熱くなりすぎるので、はじのほうで焼くといい。

12 ふたをして、2分ぐらい焼く。

13 ふたをとって、最初に入れた生地から、ヘラでうら返していく。

14 うらを30秒ぐらい焼いたら、ヘラで1枚とって、うらの面を上にして、手のひらにのせる。

15 もう1枚とって、うらの面を下にして、14にかさねる。

あんをはさむ

16 のこりの生地も同じようにして焼いて、15と同じように2枚ずつかさねてさましておく。

17 さめたら、下側の皮に粒あんをぬりつけるようにしてのせる。

18 あんの上に、きなこを好きな量ふりかける。上の皮をかぶせて、軽くおさえてはさむ。

お家でつくれる お菓子を おしえてもらったよ

とら皮焼き

焼くときに紙をしくと、とらもようの皮になります。
ここでは、焼きいもでつくる、さつまいもクリームをはさんで。

材料
とら皮焼き12こ分

生地の材料は120ページのどら焼きと同じ。121ページと同じようにして生地をつくっておく。

サラダ油…少し

さつまいもクリームの材料

- 焼きいも…200g
- ホイップクリーム…220g
- 無塩バター…15g
- 塩…2g

※ホイップクリームは、甘みのついた泡立てずみの商品を使った。
※たて10cm、横20cmに切った薄い紙を12枚用意する。ここでは、片面がつるつるの白紙を使った。

つくり方：はじめにやっておくこと

さつまいもクリームの材料をはかる。

紙は、つるつるの面を下にして、長い辺の角を2ヵ所、少しおり上げる。

伊藤さん

　紙は、新聞紙くらいの薄さがいい。

つぎのページに続く　123

さつまいもクリームをつくる

1 焼きいもの皮をむく。

> 焼きいもがさめていたら、電子レンジで少し温めておくとバターがとけやすい。

2 ほぐしながらボウルに入れる。

3 バターを入れて、ヘラでよく混ぜる。塩を入れて、全体に混ぜる。

4 ホイップクリームを入れて、全体に混ぜる。

5 さつまいもクリームのでき上がり。

生地を焼く

6 ホットプレートを180℃にする。ペーパータオルにサラダ油を少しつけて、薄くぬる。

7 紙を、つるつるの面を下にして、両はじに1枚ずつしく。

> まん丸にはならないけれど、できるだけ中心に流すようにすると、きれいに広がりやすいよ。

8 生地をお玉ですくって、7の紙の上に2ヵ所ずつ流す。

9 ふたをして、2分ぐらい焼く。

和菓子屋さん

10 ふたをとって、おり上げた紙の角をつまんで

11 もち上げて、

12 紙ごとうら返す。30秒ぐらい焼く。

13 紙ごととって、

14 おりたたんで2枚を合わせる。

15 紙をはがしてさましておく。のこりの生地も同じように焼いて、2枚ずつ合わせてさましておく。

クリームをはさむ

> クリームを使った中身をはさむときは、皮が完全にさめてからだよ。

16 完全にさめたら、下側の皮に、5のさつまいもクリームをぬりつけるようにしてのせる。

17 上の皮をかぶせて、軽くおさえてはさむ。

> さつまいもクリームと粒あんを、両方はさんでもおいしいんだって!

125

和菓子大集合
— Sweets File 09—

一年中あるお菓子と、おなじみの季節菓子。

どら焼き
丸く焼いたカステラ風の皮で、あんこをはさんだお菓子。名前は、打楽器の「どら」に形を似せてつくったから、という説がある。

カステラ
ポルトガル人が長崎につたえた南蛮菓子をもとに、日本人の好みに合わせて発展したお菓子。たまごとさとうの量が多く、しっとりとしている。

薯蕷まんじゅう（上用まんじゅう）
山いもや米の粉などでつくる生地で、こしあんをつつんだおまんじゅう。薯蕷は山いもののことなので、「薯蕷まんじゅう」だが、「上用まんじゅう」といういい方も一般的。

吹雪まんじゅう
白い生地で、中のあんこがところどころ透けるようにつつんでつくるおまんじゅう。あんこが透けて見える状態を、吹雪に見立てて名前がつけられた。

黄身しぐれ
白あんに、ゆでたたまごの黄身などを合わせた生地でつくるおまんじゅう。蒸したときにできる、表面のひびわれが特徴。

豆大福
大福は、もち米を原料としたもち生地で、あんこをつつんだお菓子。豆大福は、赤エンドウ豆などの豆を加えた生地でつくった大福。

いちご大福
もち生地で、あんといちごをつつんだ大福。

みたらしだんご
京都の下鴨神社の「御手洗祭」「葵祭」などのお祭りのときに、神前にそなえるためにつくられていただんごが起源といわれる。下鴨神社の境内にある、御手洗池の水を、後醍醐天皇がすくったときに出た泡を、だんごが表しているともいわれる。

ようかん
漢字では「羊羹」と書くように、もともとのようかんは、中国料理の羊肉の汁物だった。これが日本につたわって、材料や形を変えて広まり、江戸時代にお菓子として定着した。ねってつくる「ねりようかん」、水分の多い「水ようかん」、蒸してつくる「蒸しようかん」がある。

きんつば
粒あんに寒天を加えてかためてから、まわりに小麦粉の薄い生地をつけて、焼きかためてつくる。現在は四角いものが多いが、もともとは円盤形で、刀の「つば」に似ているところから名前がついた。

栗蒸しようかん
栗を入れてつくる蒸しようかん。

関西風

関東風

桜もち
関西風は、もち米を原料とした道明寺粉を蒸して、あんをつつんでつくる。関東風は、小麦粉などでつくる生地を薄く焼いて、あんを巻いてつくる。

かしわもち
もち生地であんをはさんで、かしわの葉っぱでくるんだお菓子。子どもの日（端午の節句）に食べる習慣がある。かしわの葉は、新芽が育つまで古い葉が落ちないため、家系が永く続くという縁起をかついで使われた。

竹紫堂

ねり切り
白あんに山いもや求肥などのつなぎを加えてねった生地を、食用色素で色づけてつくるお菓子。花や木の葉など、自然を表現したデザインが多い。

※竹紫堂のお菓子以外の写真は、すべて『プロのためのわかりやすい和菓子』（辻調理師専門学校監修 仲實著 柴田書店刊）より。

レストランのパティシエ

オトワレストラン

栃木県の宇都宮市にある、フランス料理レストランです。地元の素材をとり入れた料理を、コースで出しています。テーブルの数は18、席数は50席の広さで、厨房では8人ほどの料理人と、2人のパティシエが働いています。

レストランでは、料理をつくる人のほかに、料理をお客さんのテーブルにはこぶサーヴィススタッフや、ワインを担当するソムリエなど、たくさんの人が働いています。パティシエは、コースの最後に出すデザートを担当しています。

音羽明日香さん

オトワレストランのシェフパティシエです。お店で出すすべてのデザートのレシピを考えて、もう1人のスタッフといっしょにデザートをつくっています。

レストランのパティシエ

青ゆずの
ウフ・ア・ラ・ネージュと
和なしの瞬間真空、
和なしのソルベ。

ブルーベリーと
アサイーのムース、
フロマージュブランのソルベ。

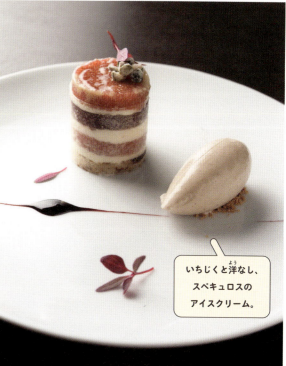

いちじくと洋なし、
スペキュロスの
アイスクリーム。

デザートをつくっているところを、見せてもらったよ

デザートをつくるときのユニフォーム。

開店前：厨房の外・厨房

レストランは日によっていそがしさがちがうので、それに合わせて1日の仕事を組み立てます。
お客さんの予約が多くいそがしい日は、その日のデザートづくりに集中して、あまりいそがしくない日は、デザートに使うパーツの仕込みを多くするなど、考えながらやることを決めています。

オトワレストランのシェフは、ご主人の元さん。今日は2人でデザートについての打ち合わせです。コース料理は季節やお客さんに合わせて内容を変えているので、デザートも相談しながら決めていきます。

使いたい素材や、お客さんに合わせてデザートの内容を考えます。同じ季節に何度か来てくれるお客さんには、前と同じデザートは出さないようにしています。デザートのレシピはノートに書いて、厨房で試作をしながら修正していきます。

新しいデザートを考えるときは、まずイメージを絵にします。そして、組み合わせる素材を考えながら、レシピをつくっていきます。

このなし、とっても甘いの。

デザートに使う素材は、近くの生産者さんのところに直接買いにいくこともあります。果物も、収穫したての新鮮なものを買うことができます。今日は、なし農家「永見果樹園」で、なしをたくさん買ってきました。「秋あかり」という品種です。なしは鮮度が落ちやすいので、できるだけ早めに加工します。

130

レストランのパティシエ

- 青ゆずのウフ・ア・ラ・ネージュと
- 和なしの瞬間真空、和なしのソルベ

和なしの瞬間真空

なしにシロップを少しからめて、真空パックにします。なしのシャキシャキした食感をのこしながら、シロップをしみこませて、透明に仕上げる加工方法です。

なしを乱切りにして、専用の袋に入れて、シロップを少し注ぎます。これを真空パックの機械にかけて空気をぬきます。冷蔵庫にしばらくおくと、シロップがしみこんで透明になってきます。

おいしいなしなので、シロップはほんの少しでじゅうぶん。

和なしのソルベ

ソルベは、牛乳や生クリームを使わないさっぱりとしたアイスです。なしのやさしい味を生かすことができます。

なしを薄切りにして、お菓子用のかりゅう寒天やグラニューとうでつくったベースとレモン汁をからめて、専用のビーカーに入れます。これを急速冷凍してから、パコジェットという機械にかけて、ソルベにします。

つぎのページに続く

▶ 開店前：厨房・厨房の外

カシスのチップ
赤むらさき色の、葉っぱ形のチップです。

ブルーベリーとアサイーのムース
フロマージュブランのソルベ

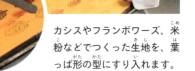

カシスやフランボワーズ、米粉などでつくった生地を、葉っぱ形の型にすり入れます。

オーブンで焼いて型からとり出し、すぐに太いめんぼうにはりつけるようにしてのせます。さめると、くるんとカーブした赤い葉っぱ形のチップができ上がります。

カーブして、葉っぱっぽくなった。

色のきれいな、ブルーベリーパウダーをまぶしておきます。

つくって冷凍しておいた、ブルーベリーとアサイーのムースにラベンダーのナパージュ（ゼリー）をかけて、冷蔵庫に入れて解凍しておきます。

ナパージュは、解凍する前にかけるのよ。

レストランのパティシエ

開店後：厨房・店内

こんがりとおいしそうに焼けた、マドレーヌとフィナンシェ。

別の場所にあるお店、「オーベルジュ オトワ」で売るお菓子も焼いています。お店では、ひとつずつ袋に入れて売ります。

まず料理からスタートだね！

予約のお客さんが来て、料理のコースがスタートしたら、厨房では料理人たちが料理をつくりはじめます。フランス料理のレストランでは、料理が順番に出されます。お店やコースによってちがいがありますが、アミューズ（つまんで食べられる小さなおつまみ）、オードヴル、魚料理、肉料理などに続いて、デザートが出されます。

デザートを出すタイミングになったら、パティシエが盛りつけをして、サーヴィスのスタッフがお客さんのテーブルにはこびます。

オトワレストランでは、パティシエが直接デザートをお客さんに出すこともあります。今日のデザートは、ブルーベリーとアサイーのムース。お客さんの目の前で、赤じそのソースをかけて仕上げます。

デザートのあとに、コーヒーや紅茶などの飲み物が出されます。これにそえて出す小さなお菓子も、パティシエがつくります。

133

このデザートは、こんなふうにつくっているよ

青ゆずのウフ・ア・ラ・ネージュと 和なしの瞬間真空、和なしのソルベ

ホワイトチョコレートの砂
さらさらにしたホワイトチョコレート。

青ゆずのウフ・ア・ラ・ネージュ
たまごの白身や寒天などでつくる、フワフワのケース。

アングレーズソース
牛乳、たまごの黄身、グラニューとうなどでつくる、バニラ風味の甘いソース。

ヨーグルトのエスプーマ
ヨーグルトと牛乳、シロップなどを合わせてつくるクリーム。専用のサイフォンに入れておく。

・青ゆずの皮
・青ゆずとハーブのジュレ
・シャインマスカットとハーブのジュ
・青じそのオイル
・青ゆずのクリーム
・シャインマスカット

和なしのソルベ
131ページのようにしてつくった、なしのアイス。

リ・オ・レ
お米の甘いミルク煮。

和なしのディスク
なし、グラニューとうなどでつくったチップ。

和なしの瞬間真空
131ページのようにしてつくった、なしのシロップ漬け。

レストランのパティシエ

つくっておいたいろいろなパーツを、お皿の上で組み合わせて仕上げます。
パーツを合わせて食べたときのおいしさはもちろん、
見た目の美しさや食べやすさも考えながら盛りつけます。

盛りつける

1 うつわに青ゆずのウフ・ア・ラ・ネージュをのせて、リ・オ・レとホワイトチョコレートの砂をそえます。

2 和なしの瞬間真空と半分に切ったシャインマスカットをおいて、

3 青ゆずとハーブのジュレをおきます。

4 ウフ・ア・ラ・ネージュの中にアングレーズソースを注いで、

5 まわりに青ゆずのクリームをしぼり、

6 シャインマスカットとハーブのジュを注いで、青じそのオイルをたらします。

7 アングレーズソースの上にヨーグルトのエスプーマをしぼり、

8 青ゆずの皮をすりおろしてかけて、

9 和なしのソルベをそえて、和なしのディスクをかざります。

パティシエさんにインタビュー

音羽さんに聞きました。

Q お菓子屋さんのお菓子と、レストランのデザートはどうちがいますか？

音羽さん

A お菓子屋さんのお菓子は、お家にもち帰って食べますが、レストランのデザートはその場で食べるので、くずれやすさや日もちを気にする必要はありません。もっとやわらかくしたり、軽くしたり、甘さをひかえめにすることもできます。

Q レストランのパティシエに必要なことはなんですか？

A レストランでは、お客様に合わせて考えることがいろいろあります。たとえば、食べられない食材があったら、それを使わないようにしたり、同じ季節に何度も来てくれるお客様には、同じデザートを出さないようにしたりします。また、使う素材に合わせて考えることもあります。たとえば果物は、同じ種類でも品種やその年によって甘さなどが変わるので、それに合わせてレシピを変えたりします。状況に合わせて、すぐに対応できる力が必要です。

音羽さん

Q コースの中でデザートを考えるとき、どんなことに注意しますか？

音羽さん

A デザートは料理のあとに出すものなのなので、料理とのつながりで考えます。たとえば、チョコレートを使ったデザートを出したいと思っても、前の料理がこってりしていたら、そのあとにチョコレートは食べたくないと思うので、さっぱりとした果物のデザートにします。また、果物は料理に使うこともあるので、その場合は、同じ果物をデザートでは使わないようにしています。

136

レストランのパティシエ

Q レストランのお仕事は、どんなところが楽しいですか？

A 食べたお客様の反応が、すぐにわかるところです。サーヴィスのスタッフに、食べているお客様のようすを聞いたりできますし、私は自分でデザートをお客様に出すこともあるので、そのときは、お客様の反応を自分の目で見ることができます。帰るときに、「ありがとう」と声をかけていただくこともあります。

音羽さん

Q はじめから、レストランのパティシエになろうと思っていたのですか？

音羽さん

A いいえ。学校では、建築を勉強していました。そのあと、料理人もいいなと思いはじめて、料理人になりました。将来は、自分で設計した小さなレストランで、料理をつくろうと思っていました。パティシエになったのは、オトワレストランに入ってからです。

Q 建築とデザートづくりは、似ているところがありますか？

A はい。あると思います。レストランのデザートは、お皿の上に立体的に美しく表現します。そこが、建築と似ています。

音羽さん

Q レストランのパティシエは、どんな人が多いですか？

音羽さん

A ものをつくるのが好き、美しいものが好き、おいしいものが好き、という人が多いと思います。私もおいしいものが大好きで、美術館に行ったりするのも好きです。子どものころから好きだったことや好きだったものが、今の仕事につながっていると思います。

137

プリン

お家でつくれるお菓子をおしえてもらったよ

たまごのおいしさが味わえるプリン。
鍋と電子レンジでつくれます。

音羽さん

カラメルはこがしすぎないように、色をよく見てね！

材料
4こ分

プリン液の材料
- たまご…4こ
- グラニューとう…100g
- 牛乳…300g

カラメルソースの材料
- ★グラニューとう…60g
- ★水…大さじ1
- 水…小さじ2

※容器は、220㎖容量の耐熱ガラスカップを使った。

まわりに泡立てた生クリームや切ったフルーツをそえて、プリン・ア・ラ・モード風に。

容器から出さずに、スプーンですくいながら食べてもいい。

つくり方：はじめにやっておくこと

材料をはかる。

レストランのパティシエ

カラメルソースをつくる

耐熱容器に、★のグラニューとう60gと水大さじ1を入れて、混ぜ合わせる。

別の容器に、水小さじ2を入れておく。

> うつわをさわるときは、かならず手に軍手などをはめておくよ！

1を、ラップをしないで500wの電子レンジに3分かける。色が薄ければもう10秒ずつかける。

軍手をはめた手で、3を電子レンジからとり出す。

> はねるから、注意してね。

大きな泡が少しおさまってきたら、軍手をはめた手で、2の水を入れる。

すぐに全体を混ぜ合わせる。

プリン液をつくる

耐熱カップに、6を15gぐらいずつ入れる。このまま冷蔵庫に入れておく。

たまご4こをわって、ボウルに入れる。泡立て器でときほぐす。

> きちんと混ぜるけど、あまり泡立てないようにね。

グラニューとう100gを入れる。泡立て器を左右に動かしながら、混ぜていく。

つぎのページに続く

139

9に牛乳300gを加えて、混ぜ合わせる。

注ぎ口のついたボウルや大きい計量カップなどの上に、茶こしを用意して、10を流して漉す。

漉してからすぐにつくってもいいけれど、こうすると、プリンがよりなめらかになるよ。

11にラップをして、1時間ぐらい冷蔵庫に入れておく。

カップに入れて蒸す

プリン液を混ぜてから、7のカップに同じ量ずつ入れる。

アルミホイルでふたをする。鍋に、2cm深さぐらいのお湯をわかして、ペーパータオルをしく。

お湯の量は、カップの $\frac{1}{3}$ がつかるくらい。

軍手をはめた手でカップをもって、鍋に入れる。

とちゅうでふたをあけないでね！

鍋にふたをして、少し強めの弱火に5分かける。火をいちばん弱くして、もう10分かける。

火をとめて、ふたをしたまま15分おく。鍋からとり出し、さめたら冷蔵庫に入れる。

上にお皿をかぶせて、ひっくり返すとよい。

17が冷えたら、プリンのまわりに薄いヘラなどをさしこんで空気を入れて、皿にとり出す。

※使うコンロやカップによって火の入り方は変わるので、心配な場合は16のあとにホイルをはずしてプリンをゆらしてみて、まだかたまっていなければ、もう少し火にかけるとよい。

お仕事たんけんのまとめ

パティシエさんのお仕事を見せてもらったり、お話を聞いてわかったこと。

- お菓子屋さんには、いろいろな種類があって、パティシエさんのお仕事もいろいろあることがわかった。チームでお菓子をつくっているお店もあれば、働いている人が1人や2人のお店もあった。

- パティシエさんはみんな動きが早くて、テキパキ仕事をしていた。ずっと立ちっぱなしで、力を使う仕事もあった。

- おいしくて、きれいなお菓子をつくるために、使う材料や、分量や、デザインなど、パティシエさんは、すごくいろいろなことを考えていることがわかった。

- パティシエのなり方は、ひとつじゃないことがわかった。専門学校でお菓子の勉強をして、卒業してすぐにお菓子屋さんで働きはじめた人もいたけれど、いちどちがう仕事をしてから、パティシエになった人もいた。

- お菓子の勉強の仕方も、いろいろあることがわかった。お菓子の専門学校などで学んだ人は多かったけれど、自分で本を読んでお菓子をつくりながら勉強した人や、お菓子屋さんで働きながら勉強した人もいた。

- 子どものころからお菓子が好きだった人や、ものをつくるのが好きだった人が多かった。

- だれかによろこんでもらいたいという気持ちが、強い人が多かった。

パティシエについて、もう少ししらべてみたよ。

しらべたこと
パティシエになるために、必要な資格はあるのかな？

わかったこと
パティシエになるために、とらなくてはいけない資格はない。資格がなくてもパティシエになれるけれど、お菓子に関係する「製菓衛生師」や「菓子製造技能士」などの資格をとる人もいる。

しらべたこと
パティシエが働く場所は、この本で見にいったようなお店以外にもあるのかな？

わかったこと
ホテルや結婚式場、カフェなど。食品メーカーの工場で働く人や、商品開発の仕事をする人、お菓子教室の先生をする人や、自分でつくったお菓子をネットで販売する人もいる。

パティシエさんの紹介

菅又亮輔

1976年新潟県・佐渡島生まれ。高校卒業後に専門学校を経て、新潟市内のパティスリー「ルーテシア」に5年間勤務。26歳で渡仏。フランス各地で計3年修業した後帰国。「ピエール・エルメ・サロン・ド・テ」を経て、「ドゥーパティスリーカフェ」オープンから6年間シェフパティシエを務める。2015年に東京・用賀に「Ryoura（リョウラ）」をオープン。著書に『フルーツ香る生菓子』（柴田書店刊）ほかがある。

Ryoura リョウラ
東京都世田谷区用賀4-29-5
グリーンヒルズ用賀ST 1F
☎ 03-6447-9406

山口友希

1982年東京都出身。専門学校卒業後、フランス料理店「バワリーキッチン」（東京・駒沢）、「バーゼル」（同・八王子）などを経て、「ロンハーマン カフェ」（同・神宮前）で8年間シェフを務める。その後、株式会社マザーズに入社。「モアザンベーカリー」立ち上げ時から店長および、同社運営の全ベーカリーのサンドイッチ部門シェフを務める。

SUNDAY VEGAN
サンデーヴィーガン
東京都武蔵野市吉祥寺南町1-15-6
☎ なし
@we_are_sundayvegan

新田あゆ子

短大卒業後、都内洋菓子店で経験を積んだ後、製菓専門学校での勤務を経て、2006年東京・東麻布にてお菓子教室を、翌2007年には、お菓子の販売をスタート。2012年には、喫茶併設の浅草店、2014年には松屋銀座店をオープンし、イベントの出店をはじめ、ワークショップなども多数おこなっている。お菓子にまつわる仕事を通して、出会う人とのつながりを大切に、スタッフとともに、日々、手づくりのお菓子をつくり続けている。著書に『菓子工房ルスルスが教える くわしくてていねいなお菓子の本』（柴田書店刊）ほかがある。

菓子工房ルスルス
[浅草店] 東京都台東区浅草3-31-7
[東麻布店] 東京都港区東麻布1-28-2
[松屋銀座店] 東京都中央区銀座3-6-1
http://www.rusurusu.com/

中井洋輔

1980年神戸生まれ。2002年より主にインテリアデザインを学ぶため渡伊。約2年イタリアで学び、帰国後はインテリアデザイナーとして活動する。イタリアではジェラートを食べ歩き、帰国後は日本でもいろいろなアイスやジェラートを食べるも、ピンとくるジェラートがなかったため2009年より自らジェラートづくりをはじめる。半年ほど東京のジェラテリアで修業した後、イタリアのように気軽に立ちよってもらえる店を目指し、2010年にジェラテリア シンチェリータを開業。

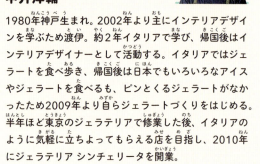

ジェラテリア シンチェリータ
東京都杉並区阿佐ヶ谷北1-43-7
クレドール阿佐ヶ谷
☎ 03-5364-9430
https://shop.sincerita.jp/
@gelateria_sincerita

森山登美男

1957年神奈川県生まれ。青果店を営む実家の家業にたずさわった後、1978年に株式会社新宿高野入社。タカノフルーツパーラー新宿本店のカウンターチーフとして、パフェをはじめ数々の商品開発を手掛ける。現在、メニュー開発の総責任者。新宿高野主催の「フルーツカルチャースクール」の講師も務めている。著書に『フルーツパーラー・テクニック』(柴田書店刊)がある。

タカノフルーツパーラー（新宿本店）
東京都新宿区新宿3-26-11 5F
☎ 03-5368-5147
https://takano.jp/parlour

伊藤圭祐

1988年東京都生まれ。高校卒業後、東京製菓専門学校に入学。卒業後、都内の和菓子店2店で経験を積み、2018年より両親が営む「竹紫堂」で働きはじめる。東京和生菓子商工業協同組合 石神井支部所属。練馬区の農家、学校と連携して地元産の農産物を使用した和菓子をつくり、地元野菜のPRに協力。和菓子教室や出張授業を通じて和菓子の魅力をつたえる活動にも積極的に取り組んでいる。

竹紫堂
東京都練馬区東大泉7-31-26
☎ 03-3925-2495
@chikushido

廣嶋 恵

1982年三重県生まれ。食品企業に勤務後、フランスのロワール地方の「パティスリー・エリック・サゲス」にてフランス菓子、ショコラを学び、パリの「ムッシュ・ショコラ」にて、ジャンマルク・リュエ氏の元でショコラを学ぶ。帰国後、「ル・コルドン・ブルー」で働き、フランス人シェフからさらにフランス菓子、ショコラについて学ぶ。その後、大阪の万博迎賓館にて、シェフ・パティシエに就任。立ち上げから3年間、ウエディングの仕事にたずさわる。2015年にル・プティ・ボヌールをオープン。2018年現在の場所に移転。

ショコラティエ ル・プティ・ボヌール
東京都世田谷区奥沢6-28-6-102
☎ 03-5760-6110
@le.petit.bonheur.m

音羽明日香

1982年栃木県生まれ。建築を学んだ後に料理の世界へ。ソムリエ田崎真也氏オーナーのフランス料理店、「ラトリエ・ド・ジョエル・ロブション」などで修業後宇都宮に帰郷。現在「オトワレストラン」のシェフパティシエ。夫で料理長の音羽元とともに厨房に立ち、栃木県の食材の魅力を引き出すレストランデザートを手掛けている。また、地域の福祉施設や調理師学校でも指導を務める。やんちゃな二男児の母としても奮闘中。

オトワレストラン
栃木県宇都宮市西原町3554-7
☎ 028-651-0108
otowa-artisan.co.jp

小学生のためのお仕事たんけん

パティシエの
お仕事を見にいく

そして、お菓子のつくり方もおしえてもらう

初版印刷　2025 年 1 月 25 日
初版発行　2025 年 2 月 10 日

編者ⓒ
柴田書店

発行者
丸山兼一

発行
株式会社柴田書店
〒113 - 8477
東京都文京区湯島3 - 26 - 9 イヤサカビル
［ 営業部（注文・問合せ）］
03 - 5816 - 8282
［ 書籍編集部 ］
03 - 5816 - 8260
https://www.shibatashoten.co.jp

印刷・製本
シナノ書籍印刷株式会社

本書掲載内容の
無断掲載・複写（コピー）・引用・データ配信等の行為は固く禁じます。
乱丁・落丁本はお取替えいたします。

ISBN : 978 - 4 - 388 - 06392 - 5
Printed in Japan ⓒShibatashoten 2025